勉強できる子が家でしていること

12歳までの家庭教育マニュアル

和田 秀樹

PHP

新装改訂版のための　まえがき

子どもに勉強ができるようになってほしい、頭のいい子に育ってほしいというのは、多くの親御さんが望むところだと思います。

ただ、それについていくつかの疑問をお持ちの方もいるでしょう。

自分はそれほど勉強ができたわけでないし、学歴もたいしたことはない。親の素質がダメなのだから、子どもに期待できないし、無理に勉強をさせるのもかわいそうだ。

あるいは、子どもに勉強をさせていると、性格が歪むのではないか？

これからの時代には学歴が通用しなくなるのではないか？

これからの時代で求められる能力がよくわからない。

そして、ＡＩの時代に、今の学力は意味がなくなるのではないか？

――などということです。

そういう疑問に答えようというのが本書の趣旨です。

まず申し上げたいのは、少なくとも受験学力、とくに大学に入るための受験学力は素質より、やり方が大きくものをいうということです。

子どものほとんどは自己流で勉強しています。そのやり方がまずいと、いくら勉強をしても、まったく成績が上がらないことさえあります。

たとえばゴルフをやってみて、自己流の振り方ではボールが前に飛ばないことがあります。そのまずい振り方で千回練習しても、ボールが前に飛ばないだけでなく、下手なフォームが矯正しにくくなることだってあるでしょう。

まずはコーチについて、望ましいフォームややり方を身につけてから練習しないといけないのです。

本書を通して、よりよい勉強のやり方を知ってもらい、そのやり方で勉強をさせて、子どもに自信をつけさせてほしいのです。

勉強をやらせて、とくにやらせすぎて、性格が歪むことは確かにあります。

もちろん、勉強ができるようになって人のことを見下すようなこともありますし、私もそういう一人でした。しかし、そういうことは多くの場合、社会に出て矯正されるものです。

それより、子どもの性格を歪ませるのは、下手な劣等感を持たせることです。勉強をやっているのにできないとか、受験塾の勉強についていけないなどという場合、子どもの自己肯定感が大きく傷つけられてしまいます。

そのために、よい勉強の仕方を知り、そのやり方で勉強をさせることが大切なのです。

もう一つの大きな問題が、子どもの発達には個人差があることです。

月齢の問題などを含めて、発達が遅れているという場合、勉強をさせてもできるようにならないとか、受験塾についていけないということは往々にして起こります。

子どもには九歳の壁というものがあり、それを越えないと抽象的な思考ができず、そのために難しい図形の問題や、算数の文章題や国語の読解問題ができないことがあります。

すると、受験塾についていけず、せっかくそれまで勉強ができていた子が劣等感を抱くことがあります。

ところが九歳の壁を越えるまでの間は、単純暗記力に優れているので、漢字や英単語をたくさん覚えられるという特性もあります。

できない経験をさせるより、できることをやらせて自信をつけさせれば、性格が歪まないで済むのです。

得意科目と苦手科目があるときでも、無理に苦手科目をやらせるより、得意科目を思いきり伸ばしてやるほうが自信になります。

そういうやり方だと中学受験で不利になるという心配があるかもしれません。ただ、子どもに劣等感を抱かせたり、勉強嫌いにするより、中学は思わしくないレベルの学校に行くことになっても、大学受験で成功すればいいと割り切ればいいのです。

未来の予測は困難ですが、一つだけ言えることは、これからの時代を生き抜くには、勉強が好きなほうがいいし、新しいテクノロジーが使われることになっても、それを使いこなせるように学ぶ能力が大切だということです。また、自分はできるのだという自己肯定感を高めておいたほうが時代への対応がうまくいくことは、かなりの確率で当たっているだろうということです。

学歴についても、確かに、いわゆる一流大学を出ているだけで出世が速いというようなことはなくなるでしょう。医者の仕事の多くをＡＩが取って代わるようになると、医学部を出て医者になれば高収入が保証されるというより、営業力いかんで、稼げない医者というのも出てくるかもしれません。

しかしながら、受験勉強の際に、勉強のやり方を身につけたり、自分の能力や志望校の傾向を分析する能力を身につけたら、それはどんな世の中においても役に立つでしょう。スケジュール管理能力や学習習慣のようなものも、どんな時代でも役に立つと思います。

つまり、学歴より、「学歴を得るために身につけた能力」が役に立つということです。

そういう能力を身につけて高学歴を得た人が社会の成功者になり得るということですし、いい学校、とくにいい大学に入れば、成功者の友だちを得られる可能性が高いということです。

ということで子どもを勉強のできる子にして損はしないと私は信じています。

少なくとも自分は賢いのだと思えるだけでも、人生を生きる力になります。

逆に言うと、子どもに自分がバカだと思わせて、いいことなど何もありません。

合わないやり方で勉強させたり、合わない塾に無理に通わせたり、自分の適性や発達状態に合わないことをやらせようとしたりということは避けないといけません。

最近、私が心配しているのは、中学受験に成功しないと子どもの将来がないと思い込んでいる親がかなりの数でいることです。私の弟も中学受験に失敗して、数年に一人、東京大学に合格者が出るか出ないかという学校に行ったわけですが、私が勉強のやり方を教えてあげることで、東大の文科Ⅰ類に現役合格しました。

二〇二四年度の入試でも、私の主宰する通信教育の生徒が、国立の医学部では東大の次に難しいと言われている東京医科歯科大学に現役合格しました。入学時の偏差値は決して高くないし、近所に塾や予備校がほとんどない日本大学三島高校の生徒でした。

中学受験で無理をさせて勉強嫌いにしたり、劣等感を抱かせるより、大学受験での逆転を期待したほうが賢明なことは珍しくないのです。

とくに塾の信者のようになってしまって、その塾についていけないのに、子どもをそれに合わせようとするのは危険です。

子どもには、発達にも能力特性にも大きな個人差があります。それには学校も塾も合わせてくれません。それに合わせられるのは親だけなのです。

親が集められる限りの情報を集め、親が行動しないと救われない子どもはたくさんいますし、逆にそれをすることで大成功する子どもは少なくありません。

私も「和田秀樹の親塾」というオンライン塾を始めたのですが、そこに入会するかどうかはともかくとして、資料請求の少なさにあきれています。どんな情報でもどん欲に集めてほしいのですが、それをしない親があまりに多い気がします。

　ということで本書を通して、子どもが賢くなるために少しでも情報を集めよう、そして子どものためにできる限りのことをしてみようと思っていただければ著者として幸甚（こうじん）このうえありません。

　本書は、ＰＨＰ文庫から出されている『勉強できる子のママがしていることと』に、ブックマン社から出ている『和田秀樹の「親塾」』の内容を一部加えて、現代に合うように大幅改訂したものですが、その編集の労をとってくださったＰＨＰエディターズ・グループの日岡和美さんにはこの場を借りて深謝いたします。

二〇二四年四月　和田秀樹

目次

第1章　私の受験勉強体験（灘校方式）

第2章　家庭こそ教育の最後の砦

第3章　勉強で身につける頭のよさとは？

第4章 小学校入学前に何を教えるか

第5章　小学校入学後に何を教えるか

第6章　小学校高学年にどう勉強させるか（中学校受験対策）

第7章　教科別勉強法（国語、算数、理科、社会、英語）

第8章 子どもに対する褒め方・叱り方・諭し方マニュアル

第9章 勉強を効率よくするマニュアル

カバーイラスト　加納徳博
ブックデザイン　福田あやはな
図　尾黒ケンジ

序章

なぜ勉強が必要か

首都圏で過熱する中学受験

少子化が進行しているにもかかわらず、首都圏では中学受験率が十年連続で伸びています。

「首都圏模試センター」の推計によると（図1）、二〇二四年、中学受験（私立・国立）をした首都圏の小学六年生の割合が、一八・一二％（推計）と、過去最高を記録しました。およそ五・五人に一人が、私立、または国立中を受験していることがわかります。

小学校には、中間・期末テストもなければ、落第するようなこともありません。勉強を頑張らなくたって、公立中学校であれば誰でも進学できます。

しかし、中学受験をする子どもは、学校で教えてもらう範囲の勉強だけでは足りませんから、受験用の塾などに通って、相応の勉強をする必要があります。

また、誰もが中学受験に挑戦できるわけではありません。地方など中学受験とは無縁の地域に住んでいたり、経済的に余裕がなかったり、なかには、発達の特性的に受験に向いていない子もいるでしょう。

中学受験ができなくても大学で追いつけばいいのですし、その子の人生は終わりではありません。しかし、中学受験をする子と、しない子とのあいだで、学力の差が広がってしまうことも事実です。

図1　首都圏の中学受験者数と受験率の推移(私立・国立学校)

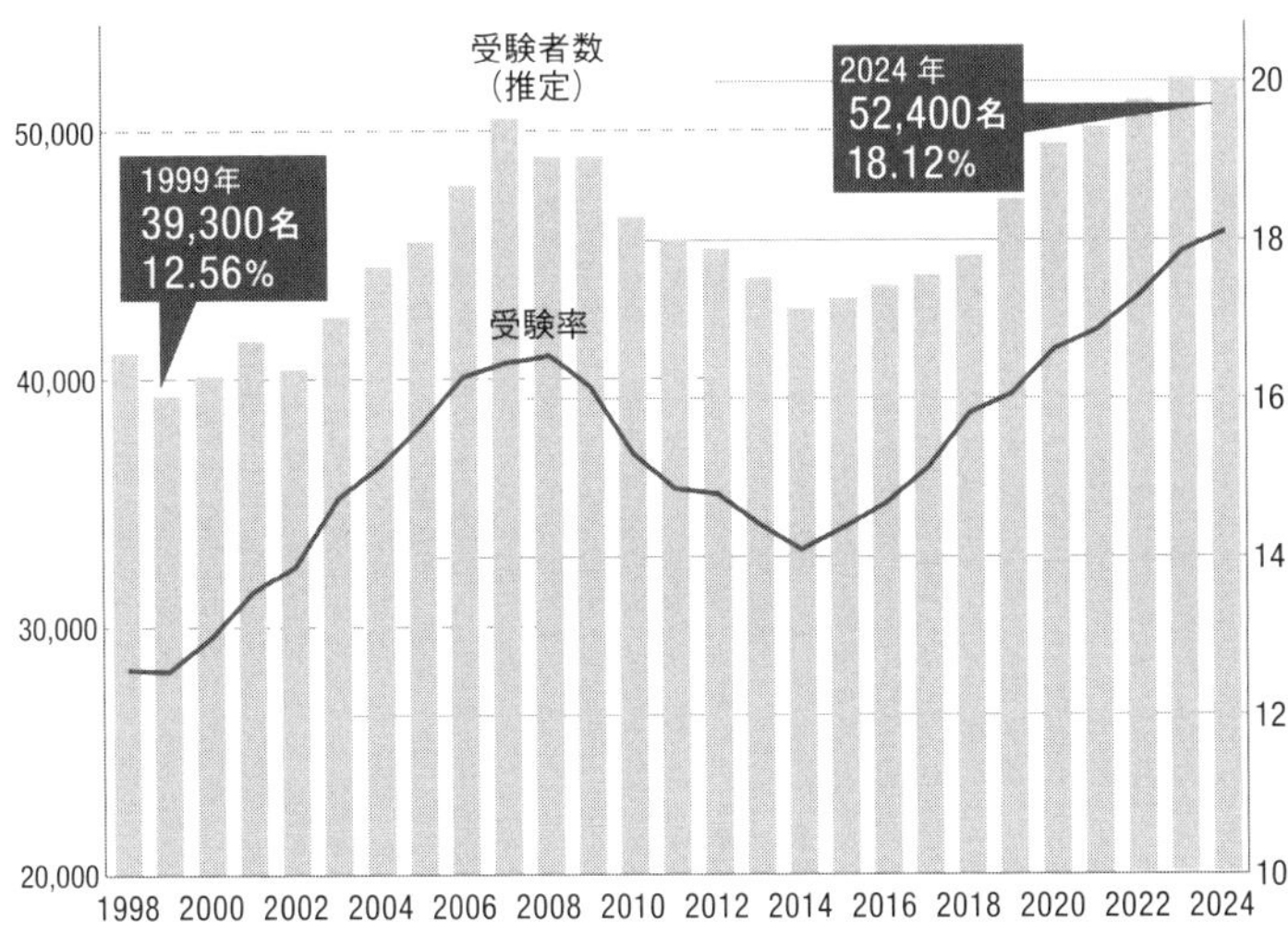

首都圏模試センターの推計を基に作成

「脱ゆとり教育」とはいえ、中学受験組と学力の差が広がる心配も

都会と地方での考え方の違いや経済力の差による教育格差とは別に、文部科学省による学習指導要領の改訂によって、年代間でも教育格差が生まれています。

一九七〇年代の詰め込み教育をピークに、八〇年代、九〇年代と学習指導要領が改訂を繰り返すたびに授業時間が減らされ、二〇〇〇年代に入ってからの「ゆとり教育」の実施で、授業時間数・学習内容ともに大幅減になりました（図2）。たとえば「三・一四」で計算していた円周率は「およそ三」と教え、三年生で教えていた四桁(けた)以上の足し算・引き算や、三桁同士以上の掛け算も、小学校では教えなくなりました。台形や多角形の面積も、図形の合同・対称も小学校では通常教えなくなりました。このように、授業時間数や学習内容が大幅に削減されたことで、基礎学力の低下が危惧(きぐ)され、新たな社会問題となっていきました。

図2 学習指導要領の変遷

昭和43（1968）年～ 45（70）年改訂 ※昭和46（1971）年度から実施	「教育内容の現代化」 現代型カリキュラムといわれ、授業時間数も学習内容も多かった。のちに「詰め込み教育」と言われるようになる。
昭和52（1977）年～ 53（78）年改訂 ※昭和55（1980）年度から実施	当時はまだ「ゆとり教育」と表現されていなかったが、受験競争が激しすぎること、高校進学率が上がったこと（およそ96%）などから「詰め込み教育」への批判が高まり、「学習負担の適正化」が図られた。
	時間数や学習内容が減っても、授業についていけない子の割合は減らなかった。 問題は教え方にあるのだが、その点は無視され、さらに授業時間を減らす流れに。
平成元（1989）年改訂 ※平成4（1992）年度から実施	「社会の変化に自ら対応できる人間」 理科・社会を減らす一方で、他の教科の理解力をあげるためにも国語力は必須との考えから、国語はむしろ増やす方向へ。
平成10（1998）年～ 11（99）年改訂 ※平成14（2002）年度から実施	「自ら学び自ら考える〈生きる力〉の育成」 この時期に小中学校で教育を受けた世代が**「ゆとり世代」**と呼ばれる。 すべての教科の時間数・学習内容ともに大幅に減らされた。完全週休2日制になり、「総合的な学習の時間」が盛り込まれた。
	授業時間数にかかわらず先生の負担は増大しており、質の高い授業を行う余裕が失われてしまっていることが問題。 学校だけに任せていられない、というのが現実。
	その後、平成20（2008）年～21（09）年、平成29（2017）年～30（18）年の改訂で、授業時間数は増やされ、外国語教育の導入など学習内容も変わっている。

参考『和田秀樹の「親塾」勉強に自信をつける！編』、文部科学省「学習指導要領の変遷」

小学校六年間の総授業時間数の推移（図3）をみると、二〇〇〇年代にゆとり教育の実施で減った時間数が、二〇一〇年代には「脱ゆとり教育」となり、現在は一九九二年時点まで戻ってはいます。私としては、詰め込み教育といわれた一九七一年時点のカリキュラムまで質・量ともに戻したほうがいいと思っていますが、それにはまだ及びません。

中学受験を目指す子は、塾などで多くの時間を勉強に費やしています。ですから、学習指導要領の改訂で授業時間が減らされても、大した影響を受けません。

しかし、中学受験をしない子にとっては、学校での勉強がすべてというケースも多い

図3　小学校6年間の総授業時間数の推移

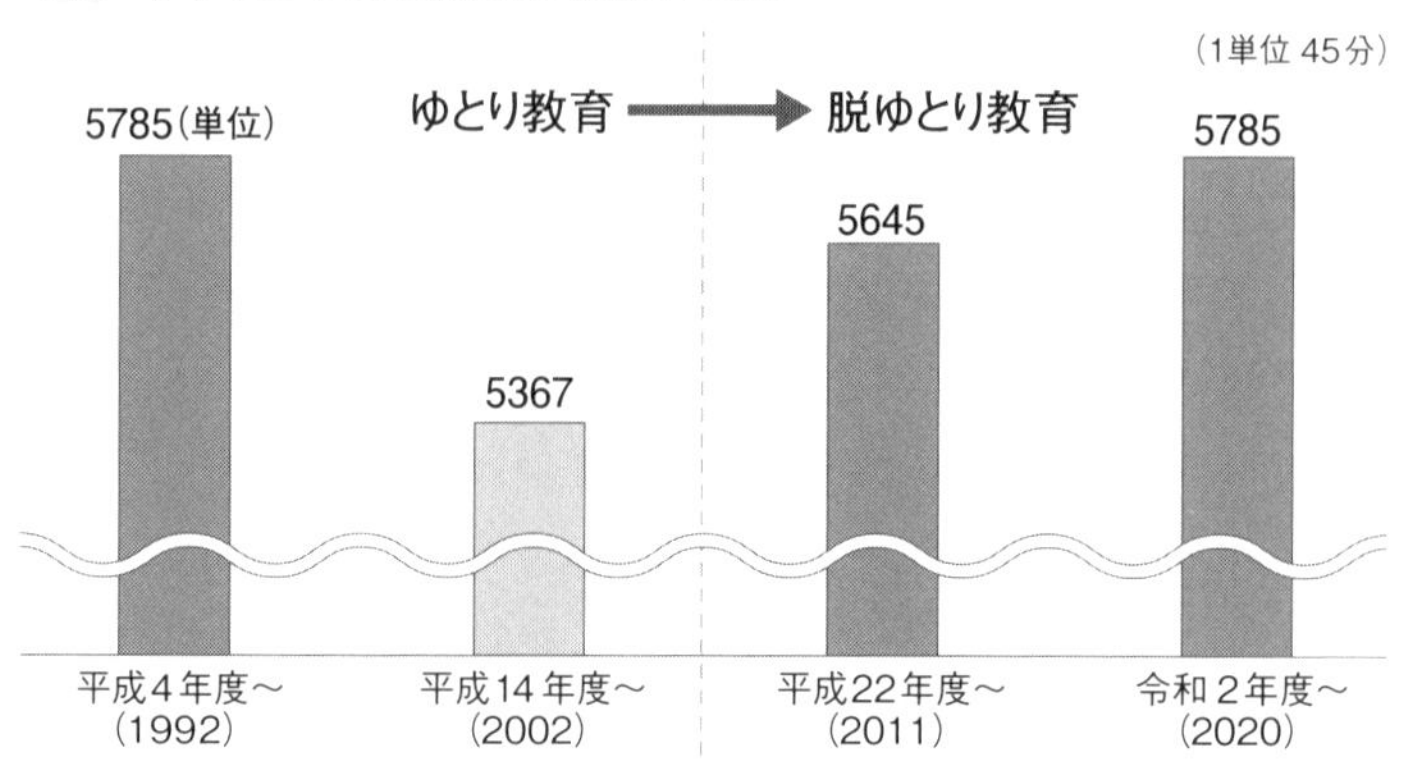

参考「『詰め込み』の危険性 学校現場、働き方改革逆行 小学校教科書検定」（毎日新聞）

でしょう。その結果、授業時間数の減少が、学力にダイレクトに影響してしまうのです。

小学生のうちにしっかりと、「基礎学力」を身につけよう

戦前まで、大学へ進学して高い賃金を得ることができたのは、裕福な家庭や名門の家柄など限られた人のみでした。戦後の高度経済成長によって国民の所得が大幅に増えると、一般家庭でも教育にお金をかけられるようになり、大学へ進学するチャンスが得られるようになります。

高学歴を得ることは高収入が約束されるようなもので、人生を好転させようと多くの人が大学受験に挑むようになり、受験戦争が始まりました。大学受験を制し、卒業して一流企業に就職すれば人生は安泰。マイホーム、マイカーを手に入れ、専業主婦の妻と子どもたちが何不自由なく暮らせる時代でした。

ところが九〇年代に入ると状況が一転。バブル崩壊、リーマン・ショックなどで深

刻な就職難となり、就職氷河期とも呼ばれるようになります。

新卒採用の内定をもらえないまま卒業してワーキングプアに陥（おちい）る人が増えたり、採用された会社が、いわゆるブラック企業で退職せざるを得なくなったり、高学歴であることが将来を約束するものではなくなったのです。

このような不況下では、企業側は即戦力になる人材、利益を確実に上げることができる人材を必要とします。

学歴の価値がなくなったわけではありませんが、学歴に加えて、激しい競争を生き抜く「実力」が必要とされる世の中に移行したのです。

親が、「少子化で、大学全入時代になったから楽だ」などと考えていると、気づいたときには自分の子どもは、いちおう大学は出ているけれども職がない、ということにもなりかねません。そんなときにまわりを見てみると、一生懸命に勉強をしていた友だちと、欧米やアジアなどの外国人ばかりが仕事を得られ、活躍しているという状況になっているかもしれないのです。

ゆとり教育で重視されていた「生きる力」とは、もっている知識を応用したり、疑ったりすることが必要なため、知識量がまだ十分でない小学生よりも、高校生や大学生のほうがより効率的に身につけていけるはずです。逆に言えば、小学生のうちは、深い思考や議論ができるよう、基礎学力をしっかり蓄えて、土台作りをしておくべきでしょう。

私自身、一人の親として、子どもに勉強をさせることが容易でないということはわかっているつもりです。それでも、これからの時代を考えれば、親としてどうしてもやりとげなければならないテーマの一つなのです。

長年受験生を教えてきた教育産業の経営者の一人として、また、精神科医の一人として、そして今は、弁護士と医師になった二人の子どもを持つ親の一人として、私自身のあらゆるノウハウをこの本に盛り込んだつもりです。ご参考になるところがあれば、ぜひ活用していただければと思います。

第1章

私の受験勉強体験（灘校方式）

灘中に受かったものの、中学では劣等生に

私は幸いにして、小学校のころはずっと勉強のできる子どもで通しました。三年生のときにソロバンをやっていたのがよかったのか、計算がとても速くて正確でしたので、算数の試験ではいつも満点を取っているような子だったのです。

六年生のときに、中学校受験のための塾に入りましたが、そこでも算数の成績が非常によかったため、名門といわれる灘中(なだちゅう)を受けることにしました。不安もありましたが、受験塾の先生は、「灘中に入ったらトコロテン式に東大に入れる。だからいまはとにかく死に物狂いで勉強しろ。灘中に入ってから遊べ」と言っていましたので、私はその言葉を素直に信じて、必死に勉強をしました。いざ灘中を受けてみたら、五番で合格することができました。

ところが、灘中に入ってから、私は全然勉強をしなくなりました。受験塾の先生が

言っていたことを本気で信じてしまって、「灘中に入りさえすれば、楽ができる」と思っていたのです。

成績はみるみるうちに下がりました。英語は、基礎がまったくできていませんでしたから、ビリのほう。得意だった数学ですら、中一の終わりには真ん中より下になっていました。小学校のときには算数の模擬テストで何度も西日本一番になったこともあったので、これは非常にショックでした。

もともと灘中にはできる子たちが集まっていますし、中一の段階で英語も数学も中三の教科書を終えてしまうような勢いの学校ですから、当たり前といえば当たり前です。

そんなときにハタとまわりを見渡してみると、親が東大出、京大出であるとか、親が医者であるとかいった子どもは、みな成績が上のほうでした。逆に、私のように親が必ずしも高学歴でない子どもは、みな下のほうだったのです。

それを見たときに、「小学校のときにはまぐれで勉強ができたのかもしれないけど、中学に入れば素質がモノをいうんだ」ということを私は感じました。「勉強は素質だ」と考え始めてしまうと、私の場合、両親とも学歴が高いとはいえないので、すっかり勉強をする気もなくなってしまいました。そんなことから、成績は下がる一方でした。

しばらくはそんな状態が続きましたが、どこかに危機意識があったのか、あるとき、ふと「もしかしたら、素質とは関係のない科目もあるのではないだろうか」という考えが頭に浮かんできました。

「英語というのは、アメリカやイギリスに生まれたら、どんな人でもしゃべれるし、読み書きもできる。だから、英語は素質じゃないはずだ！」

本当は、アメリカでも英語の読み書きができない子どもがいっぱいいるということを後で知りましたが、当時はそう思ったのです。

「英語は、素質がなくても勉強をすればできるようになるはずだし、日本では英語がしゃべれるだけで何とか食べていけるから、いずれ留学でもしよう」と考えるようになり、中二からは英語だけは勉強するようになりました。

それ以降、勉強するようにはなったものの、それでも英語力が友だちに追いつくレベルになったのは、中三の半ば過ぎになってからでした。二年近くかかってようやく追いついたというわけです。その一方で、得意だったはずの数学に関しては依然として低迷を続けていて、百七十人中百三十番から百四十番くらいの成績でした。

勉強法を変えたら、勉強がどんどんできるようになった

高校に入ったときには、英語だけはかなりできるようになっていましたので、高一のときに留学試験を受けてみました。この試験は、高一でも高二でも受けられるオープンな試験でしたが、高二で受けると、高三で留学をして高三に戻ってくることになり、確実に一年留年することになりますので、大学受験に間に合うようにと考えて高一のときに受けてみたのです。この留学試験は私のほかにも同級生二人が受けましたが、残念ながら三人とも落ちてしまいました。やはり、高二の人にはかなわなかったということです。

翌年、高二になったときに、私以外の二人は再びこの留学試験を受けて合格しています。私はというと、高二のときには受けませんでした。高二になってからは、英語以外の科目もできるようになってきたので、現役で大学受験をしないのはもったいな

いという気持ちになったからです。

高二のときにできるようになった科目というのが、それまでさんざん苦しめられた数学でした。

では、なぜ急に数学ができるようになったのかといいますと、勉強のやり方をガラリと変えたからです。私の書いた受験本を読んでいただいている方には、いまや、すっかり有名になっている「暗記数学」というのがそれです。

「数学」と「暗記」ということが、すぐに結びつかない方も多いでしょうから、どうしてこのようなやり方が生まれたのかをご紹介しましょう。

「暗記数学」はこうして生まれた

私の通っていた灘中は中高一貫教育ですから、中二の途中には中三の教科書を終えてしまい、中三では、高一や高二の教科書を勉強するようになります。高校に入ると、高一の段階ですでに大学入試問題レベルの演習が始まるというような学校です。

数学の演習の授業では、週に三回、前の黒板と後ろの黒板を使って、二日前に出された宿題十題を、当てられた子が一人一問ずつ解いていきます。難しい問題ですので、できる子だけが宿題をやってくることになり、できない子は当てられたときに、できる子のノートの答えを黒板に写すしかないというのが実状でした。

ここで教わった問題や似たような問題は中間テストや期末テストにも出題されます。ところが、このテストというのが、五十分間で十題も解かなければいけないようなテストなのです。まともに解いたら一問二十分くらいかかる入試レベルの問題が十題も出されるのですから、やり方と答えを覚えていくほかはありませんでした。やったことのある問題か、それに似た問題を大量にできるようにすれば、受験数学に立ち向かえるようになるというのが教師側の発想だったのでしょう。

そんなときに、同級生の一人が、優等生の数学のノートをうまく編集し、それをコピーして売り始めるようになったのです。世の中には、人のニーズをうまく読みとる賢い(?)人もいるものです。「これはありがたい」と思い、私はそのコピーを買って、せっせと解法(解答までの問題の解き方)を覚えていきました。

この方法で中間・期末テスト対策を続けていて一番驚いたのは、コピーを売っていた同級生の成績でした。もともと数学ができなかった彼が、模擬試験でも数学で非常にいい点を取ったのです。解法のコピーをつくるために、優等生の解答を書き写して、自分なりにわかりやすく編集しているうちに、数学の解法をたくさん覚え、自然に数学ができるようになっていたのだと思われます。

私のほうも、数学の解法暗記は苦手ではなかったので、そのコピーを暗記しているうちに中間や期末では満点に近い点が取れたのですが、やがて、不思議なことに模擬試験の数学でも急に点数が伸びたのです。

そんな体験をしたことから、私は「解法パターンを暗記していったら、数学はできるようになるはずだ」と考えるようになり、それからはものすごいスピードで、『チャート式』などいろいろな問題集の解法と答えを覚えていきました。

すると、高二の半ばから終わりぐらいにかけて、数学の成績が急速に上がっていき、ハイレベルの思考力を問うとされる東大入試型模試の数学でもかなりいい成績を収めるようになりました。

小学生のときに身につけた計算力が私を救ってくれた

「暗記数学」がこれほどの効果をもたらしたのには、二つのポイントがあったと私は考えています。

一つは、解法パターンや解答を暗記するときに、ただ単に暗記するのではなく、一つずつ理解しながら暗記をしていったということです。

これに関しては、コピーをつくってくれた同級生に感謝しなければなりません。彼は、優等生の解答を写して編集する段階で、自分が読んでわからない解法については、わかりやすく書き直してくれていたのです。ですから、その解答コピーは、読んでいて非常に理解しやすいもので、覚えやすかったのです。そういう点では、非常にラッキーでした。

理解しながら覚えていくと、次第にたくさんの解法パターンのストックができます。

すると、他の参考書や問題集の答えを読んでいても、簡単に理解できるようになっていきました。そしてよく理解できると、暗記もしやすくなるものです。

このようにして、「理解できるから暗記しやすくなり、暗記した豊富なストックがあるからいっそう理解しやすくなる」という好循環が生み出されていったのです。これが数学力を飛躍的に高めることにつながっていったと考えています。

要するに、「理解しながら覚える」ということが「暗記数学」の重要なポイントなのです。

ただし実際の模擬試験や入試問題では、「暗記数学」で覚えたとおりの問題が出るわけではなく、ひねったり、改変したり、組み合わせたりしたような問題が出ます。

それでも、「暗記数学」で解法パターンをたくさん身につけていると、ある問題が出たときに、「たぶんこの解法でいけるだろう」ということを試してみることができるのです。そのやり方で解ければそれでOK。もし解けなければ、すぐに別のやり方を試すのですが、受験数学のレベルであれば、何回か試しているうちにほとんどの問題で答えは出るようになっているものです。

この「暗記数学」を行ううえで、私にとって非常に役に立ったのは、基礎的な計算力でした。小さいころにソロバンをやっていたおかげで、計算だけは速くて正確だったのです。ソロバンの珠が頭の中に浮かんできますから、計算することはまったくおっくうではありませんでした。

そのために、一回目の解法パターンで解けなくても、すぐに二回目の解法パターンにトライでき、人より短時間で何種類ものやり方を試すことができたのです。

計算が遅い人や、計算が不正確な人は、おそらく一回目のやり方でできないと、「もういいや」とあきらめてしまう確率が高くなっていたのではないでしょうか。

そういう意味では、「暗記数学」を支えてくれていたのは、実は「計算力」だったということになります。

一般的には、「計算力」を身につけても、「思考力」は身につかないと思われがちですが、私はそうは思いません。計算力がしっかりしている人のほうが、短時間で何度もいろいろな解法を試せますので、はるかに思考力も鍛えられるのです。

いずれにしても、「暗記数学」の効果を上げる支えとなり、数学ができなかった私を最終的に救ってくれたのは、小学校のときに身につけた「計算力」だったということは間違いありません。小学校での勉強をおろそかにしてはいけないということを、私は身にしみて感じています。

この「暗記数学」と、そこから応用して考えた「暗記物理」のおかげで、成績は飛躍的に伸び、最終的に現役で東大理Ⅲ（医学部進学課程）に合格することができたというわけです。

「バカだ」と言われ続けてきた弟は中学校受験で失敗した

弟の受験体験についても少しふれてみたいと思います。

私の一つ違いの弟は、小さいころは体が弱くて、死にかけるほどの病気を小学校入学前にしています。小学校に入ったときには、不適応を起こしてしまって、当時、特殊学級と呼ばれていたところにいかなければ無理と言われるくらいの状況でした。

母は、兄の私がソロバンをやって非常に勉強ができるようになったということから、弟にも小学校二年生のときにソロバンを習わせました。「ソロバンをやらせたら、何とかなるかもしれない」と考えたのだと思います。

ところが、弟は左利きということもあってか、ソロバンに全然なじめなくて、三日でやめてしまいました。そんなこともあって、弟は小学校二年生のころは、学力に関しては絶望的な状況でした。

母は非常に教育熱心でしたから、弟を何とか勉強のできる子にしようとして、その後公文式（くもんしき）学習法をやらせるようになりました。公文式では単純計算を勉強しているだけなのですが、それでもやっているうちに、どんどんできるようになっていくようでした。

弟は、学校でも家庭でも母以外からはずっと「バカだ」と言われ続けてきたのですが、初めて自分の学年より少し上の学年の計算ができるようになったものですから、それがうれしくて公文式でがんばるようになり、計算だけはできるようになっていったのです。ただ、計算以外のことはできませんから、まわりの子に追いつくことはできず、ましてて中学校受験で灘中を受けるというようなことはとても考えられないような成績でした。

それでも弟は灘中を受け、当たり前の結果として、落ちてしまいました。

弟は、「公立中学に行って灘高を受け直したい」と言ったのですが、高校から灘高に入るというのは、灘中よりも募集人数が少ないので、どう転んでも無理な話と親も私も判断しました。そこで、どこでもいいから中高一貫教育の私立の中学校に入れて、大学を目指させようということで、弟は滑り止めで受けた私立の中学校に通わされることになりました。しかも、片道一時間五十分もかかるような遠い学校でした。

その当時私は灘中二年生で、ちょうど成績がどんどん落ちているときでしたから、「やっぱり俺たちはダメだ」というようなあきらめにも似た感じが兄弟そろって渦巻いていました。二人とも、「勉強は素質だ」という素質論を信じるようになっていたのです。

弟は、「自分はもう敗残者だ」「落ちこぼれだ」と思ったようです。人生をすねていましたから、小説とか哲学書などを片道一時間五十分の通学時間の間にせっせと読んでいました。しかしそれがよかったのか、国語だけは少しできるようになっていったのです。

と同時に、私が「英語だけは素質じゃない」と思って英語の勉強をし始めたのを見て、弟も英語だけは兄にならって勉強するようになりました。そういうわけで、弟の場合は国語と英語だけはまあまあできるという状態になりましたが、数学については全然ダメな状態がずっと続いていました。

弟の勉強法を変えさせ、東大文I合格へ

高校に入っても、弟の成績は低迷していました。弟の通っていた高校は、当時は数年に一度、東大に一人受かるか受からないかというレベルの高校でしたが、その高校の中で、中の上くらいにいたのです。

そんな成績では東大など受かるはずもありません。弟は京大の哲学科に行きたいという希望を持っていましたが、成績を飛躍的に上げないかぎり、京大であろうと不可能な状況でした。

私のほうは東大に受かっていましたので、その時点で弟の勉強法の改善に乗り出しました。弟は、国語と英語はある程度できましたが、数学ができなかったので、さっ

そく「暗記数学」を試してみました。解法をどんどん暗記させたのです。「暗記数学」を始めてからは、弟は数学がグングンできるようになりました。

私は、京大の試験の傾向を知りませんでしたので、志望校を東大に変えるように弟にすすめました。東大なら、試験の傾向もよくわかっていましたし、灘高の友だちがさまざまなノウハウを持っていたからです。

当時の東大入試の社会科は、早稲田や慶應のように細かいことを覚える問題は出ておらず、八百字程度の論述問題が出題されていました。そこで、東大専願にして東大の社会科に備えるために、たくさんの歴史の新書を読ませることにしました。灘高の文系の友だちがみんなそうしていましたので、そのまま弟にやらせてみたのです。

勉強法を変えてからは、弟は信じられないほど成績が伸び、最終的には、その学校始まって以来二人目の東大文I（法学部進学課程）現役合格を果たしました。

弟のように、小さいころ「（勉強の）できない子」と言われていた子でも、高二まで普通の高校の中くらいの成績にいた人間でも、勉強法を変えれば、東大に受かることは可能なのです。

私は、このような経験を通して自分の勉強法に自信が持てるようになり、その後この勉強法を多くの受験生に教えるようになりました。

勉強は素質ではなく、やり方次第

私は自分の受験体験を通じて、そして弟やそれ以外の多くの受験生たちに教えてきた経験から、「勉強は才能や素質ではなく、やり方（とある程度の努力）の問題だ」ということを確信しています。

実際に多くの受験生に「暗記数学」などの和田式勉強法をやってもらったところ、かなりの数の子どもたちが成績を伸ばしています。

「自分は頭が悪いから、東大になんか行けない」「早稲田や慶應になんか行けない」と思っていた子が、そうではないということに気づく。「自分は頭が悪いから勉強ができないのではなく、これまでの勉強のやり方が的外れだったから努力が無駄になっていたのだ」「勉強のやり方が悪いから勉強ができなかっただけなんだ」と思うようになって、勉強のやり方を変える。そうしてやってみたら、成績が上がった、希望する学校に行けた、という例がいくらでもあるのです。こうして自信をつけ、成功していく子どもたちを見ていると、それだけでもうれしくなります。

また、私にとってさらにうれしいのは、こういう教え子たちから「和田式勉強法は社会に出てからも役立っている」と言ってもらえることです。

社会に出てからも、うまくいかないことや、壁に突き当たるということはいくらでも出てきます。そんなときに、「ああ、俺には才能がない」と言ってあきらめないで、「やり方が悪いのかもしれない」と、いろいろなハウツー本を読んだりして、別のやり方を試すようになったと言ってくれる人が多いのです。

つまり、人生に向き合う態度が、変わったのでしょう。

子どもに対しても、おそらく一番大事なポイントはそこではないかと思います。**「あなたがいま仮に勉強ができないとしても、それは頭が悪いからではない。勉強のやり方が悪いだけ」と、あるいは「やるべきことを十分にやっていないから」と思わせることができるかどうかがポイントなのです。**これは、単に小学校の勉強ができるか、できないかということにとどまらず、これからの長い人生の中で、「自分には才能がないからダメだ」とあきらめるような人生態度をとるのか、それとも「やり方が悪いのかもしれないから工夫してみよう」というふうに少しでもやり方を探して工夫する人生態度をとるのかということにもかかわってきます。

本来、人間のもともとの知能というのは、それほど大きな差があるわけではありません。ですから、いま仮にうまくいっていないとしても、それは「自分は頭が悪いから」ではないのです。

まず、親自身が、「勉強ができないのは、素質がないからではなく、勉強のやり方が悪いのだ」という認識を持ち、子どもに工夫と努力をさせることを絶対にあきらめないという姿勢が一番重要なポイントだと私は思います。

第2章

家庭こそ教育の最後の砦

学校へ行かないエジソンにお母さんが勉強を教えた

発明王で名を馳せるエジソンは、学校へ行かなかったということでも有名です。しかし、エジソンが勉強していなかったのかというと、そういうわけではありません。

エジソンは、お母さんから学校の勉強やその他いろいろなことを教えてもらっていたのです。お母さんに勉強を教えてもらい、自分でも努力した結果、あの数々の偉大な発明が生まれました。

このエジソンのお母さんの熱意ある教育は、いまでも多くの教育学者たちが敬意を払っています。

本当は、エジソンに限らず、小さな子どもにとって一番よい先生になれる可能性があるのは親なのです。言葉も世の中のルールも、みなお母さん、お父さんから教えてもらえば、素直に受け入れていくはずです。そして、そのときに、親から何を教えてもらったのかによって、子どもの成長は変わります。

学校に入るころになると、勉強を含め、いろいろなことを教えてくれるのは学校の先生というようなイメージに変わりますが、それでも、本質的には家庭での先生としての親の役割が終わるわけではありません。**親が子どもに何かを教えるということは、子どもが何歳になってもとても重要なことなのです。**

子どもの発達の早い・遅いは、家庭でしっかりと認識する

就学前の子どもの様子を思い出してみてください。「おかあさんへ、おとうさんへ」と、手紙を一生懸命に書いてくれた姿。一から百まで一緒に数えられた日。虫や鳥や、はたらくくるまなど、大好きなものの名前を覚えられたとき……。何かができるたびに、うれしそうな姿を見せてくれたのではないでしょうか。

本来、子どもにとって知らないことを覚えること、すなわち学びは大好きで楽しい

体験のはずです。ところが、学校へ通うようになると、多くの子どもが「勉強嫌い」になっていきます。なぜでしょうか。

これは、学校で学ぶようになって初めて、「先生の言っていることがわからない」という体験を味わうからといえるでしょう。問題は、「わからない」ことではなく、「まわりのお友だちがみんなわかっているのに、自分だけわからない」という点にあります。でも、どうして同じ授業を受けているのに、わかる子と、わからない子が出てきてしまうのでしょう。

確かなことは、子どもたちの発達には差があるということです。

子どもの発達は、それぞれ違います。ところが、学校や塾のカリキュラムは、個々の能力に合わせて作られていません。そのため、発達の遅い子はもちろん、発達が早い子にとっても、最適な学習内容とは言えないのです。

「発達の早い・遅い」とは、何か——。小学一年生の発達を例に、具体的に説明していきましょう。

四月生まれの子と三月生まれの子がいたとします。学年は同じでも、およそ一年の月齢の違いがあるため、身体的にも精神的にも、その成長の程度には大きな差が出てしまいます。四月生まれの子は発達が早い分、比較的身体は大きく足も速い、学校の勉強も理解ができて「自分はできる」と思いながら成長していきます。一方、三月生まれの子は発達が追いついていないわけですから、まわりの友だちと比べても身体は小さく、運動能力も理解力も劣りがちです。「自分はできない」という劣等感が植え付けられてしまうこともあるでしょう。

月齢による能力差は成長とともに縮まっていくものなので、焦らずに成長を待ってほしいと思いますが、一方で東大合格者には、四月・五月・六月生まれが多いとも言われます。早生まれと遅生まれで、もともとの能力に差があるわけではないのに、「東大合格」というはっきりとした知的能力の差が生じているのはなぜなのでしょう。これには、子どものころの自己肯定感が関係していると考えられます。

ですから、子どもに「自分はできない」と思わせては、絶対にいけないのです。「どうせ何をやって無駄」と考えるようになってしまうと、勉強嫌いになるだけでなく、自己肯定感の低いまま成長していくことになってしまいます。

子どものころに育まれた自己肯定感は、大学受験や社会に出てからも、その子を力強く支えてくれる土台となります。子どもには、「必ずわかるようになるから大丈夫」

と伝えてあげましょう。無用な劣等感を払しょくしてあげることが、勉強嫌いにならず、自信をもって人生を歩んでいくためにも必要なことといえます。

「九歳の壁」を理解し、効果的に利用する

「九歳の壁」という言葉をご存じでしょうか。**子どもの発達は、学童期に入ってから小学校低学年と高学年（九歳以降）と二つの時期に分けられるというものです。高学年になると、物事をある程度対象化して認識できるようになり、自分のことも客観的に捉えられるようになるとともに、発達の個人差が顕著になります。**自己肯定感を持つようになる一方で、勉強ができないことなどが原因で、劣等感を持ちやすくもなります。九歳の壁とは、この段階にあることを意味します。

九歳の壁を越えるまでは、抽象的思考が必要な課題を解くのが難しいといわれています。算数の帯分数や、あまりのある割り算、文章問題、複雑な図形の問題、国語の

長文読解問題などは、九歳の壁を越えていない子どもにとっては、ほとんど歯が立たない課題といえるでしょう。

一方で九歳の壁を越える前、小学校低学年までは記憶力に長けているので、その記憶力のよさを生かすことができる課題を与えましょう。漢字であれば、小学校の低学年のうちに、六年で習う範囲までやらせてしまうことも可能でしょうし、それでも余裕がありそうでしたら、中学一年で習う英単語を覚えさせてもいいかもしれません。その子が「できる」課題であれば、どんどん先に進めてしまっていいと、私は考えています。

九歳の壁といっても、小学校低学年ですでにその壁を越えている子もいれば、高学年になってもまだ越えられていない子もいるように、発達はそれぞれです。大切なことは、その子どもの発達段階に応じた課題を与えることです。本人の自己肯定感を失わせてしまうようであれば、無理にレベルの高い課題を与える必要はありません。子どものうちは、できることを積極的にやらせてあげましょう。

また、発達のスピードには性差もあり、一般的に女の子のほうが脳も身体も発達が早いといわれています。女の子の親が、将来、性差を超えて活躍できるようにと「先取り学習」に積極的になる気持ちはわかります。英才教育は、発達が早い女の子のほうが向いているともいわれますし、子どもにとって無理のない形であれば、先に先にと学習を進めていくことはよいことでしょう。

親が自分の子どもに教える最大のメリットは、一般に「よい」とされている勉強法でも、その子に「合わない」と判断したときに、ほかの勉強法に変えてみることができるという点です。

個人差に合わせた指導は、学校や塾は無理でも、親ならできる

ＰＩＳＡ（国際学力調査）で常にトップクラスの成績を誇るフィンランドでは、一クラス十六～二十人ほどの少人数制が基本です。授業ではさらに、四、五人ずつのグループに分け、教師はそれぞれに教え方を変えながら指導します。学力に差のある子どもたちを同時に教えるのですから、本来、これくらいのきめ細やかさがあって当然

です。

ところが日本は、一クラスの人数が三十五～四十人もいるため教師の負担が大きいうえに、残念ながら、個々に合った指導が行われているとは言えないのが実情です。

改正義務教育標準法が可決され、二〇二一年度から一クラス三十五人制が段階的に導入されてきているものの、全学年三十五人学級が実現するのは、二〇二五年度と、まだ時間がかかります。学校のシステムが変わるのを待つより、いま、親としてできることをしていくべきでしょう。子どもの発達に合わせて、「いつ」「何をさせるか」を考えてあげましょう。

また、「中学受験のために塾に通わせたい」と思っても、子どもによっては成績が上がるどころか、逆効果となってしまうことがあります。

できる（発達の早い）子にとっては、学校の授業が物足りなくて飽きてしまっている可能性がありますから、楽しく勉強を続けさせるという意味では有益かもしれません。

しかし、できない（発達の遅い）子にとっては、学校の授業だけでも辛いのに、レベルの高い中学受験塾にまで行かされるとなったら、みじめな思いが強化されてがんばる気力さえも奪ってしまいかねません。

もはや「学校や塾に頼っていれば安心」という時代は終わりました。家庭こそ教育の最後の砦といえるのです。

学校まかせ、塾まかせでは、子どもがつぶれる

学校や塾は「わからないことをわかるように教えてくれるところ」と期待されているかもしれませんが、**現実には、それほどの実力を備えた先生は少ないといえます。**

巷(ちまた)で人気の予備校講師くらいに「教え方の上手な先生」は、学校や中学受験塾にはまずいないでしょう。一般的な大学の教育学部では、勉強の教え方についてはあまり伝授していないからです。

たとえば逆上がりのできない子に対して、やり方を教えず、できるまでやらせる――これは指導とはいえません。また、できない子に向かって「努力が足りない」などと

言い出す先生にいたっては、言語道断です。そもそも「できるように教える」のが先生の役割ですから。

勉強でも同じことがいえます。評判のよい塾だから任せておけば大丈夫、そう思っているとしたら大間違いです。子どもが塾に行っているのに成績がよくならないときは、「あなたがバカなわけではない。先生の教え方が下手なだけ」と言ってあげましょう。大切なことは、子どもに無用な劣等感を与えないことです。

昔であれば、学校に預けておけばみんなと同じように勉強をすることになったので、それほど差がつかなかったかもしれませんが、今後は家庭でどう教育をするかによって、子どもの学力に大きな差がついてしまうのです。

以前よりも家庭の教育力に負う比重がずっと増したということです。子どもをきちんと教育できる家庭の子はグングン伸びるけれども、教育力のない家庭の子どもはどんどんおいていかれてしまいます。

発達の凸凹は、「個性」と捉えたほうが生きやすい

では、「わが子の発達、他の子と比べてちょっと遅いんじゃないか」と感じたとき、親は子どもとどう向き合うのがよいでしょう。

私自身、勉強はできるけれど、先生や友だちとうまくコミュニケーションがとれない、落ち着きのない子どもでした。今思えば、子どものころの私の行動パターンは、さまざまな点でいわゆる「発達障害」のそれに当てはまります。

ですが母は、私の言動をとがめることも、改めさせようとすることもありませんでした。ただ、子どもの私に「サラリーマンのような働き方はきっと無理だろうから、医者とか弁護士とか、何か資格をとりなさい」というようなことを繰り返し言っていたと記憶しています。そして今、私は母の言葉通り、医者（精神科医）になりました。

さらに、これはおそらく当時の母の想定を超えているると思うのですが、会社経営や

執筆活動など幅広い分野で活動することができています。

私の子どものころを例に挙げたのは、「子どもの発達は人それぞれ」と知ってもらいたいからです。実際、軽度の症状を含めれば、一五〜二〇％の子どもが発達に何かしらの問題を抱えているともいわれています。『DSM―5』（精神疾患の診断・統計マニュアル 第五版）にも、「発達障害の特性を備えていたとしても、生活していくうえでの困りごとがなければ障害とはされない」とあります。

つまり、発達による凸凹は「病気」ではなく「個性」と捉えたほうが、きっと生きやすくなると私は思うのです。

私の弟も発達が遅かったので、子どものころは勉強が得意ではありませんでしたが、母親だけはそんな弟の能力を信じ、「あなたはバカじゃない」と言い続けていました。

子どもの発達が遅れているとか、発達障害かもしれないと悩むよりも、私の母親がそうであったように、「この子の脳は発達の途中なんだ！」と信じて見守ってあげるほうが、いたって健全で、自然なことだと思いませんか。そもそも未熟な脳への過度なストレスは健やかな発達に悪影響となってしまうこともありますから、子どものうちはくれぐれも無理をさせないほうがいいでしょう。

子どもに自信をつけさせる一番よい方法

家庭教育で一番重要なことは、子どもに自分のことを「頭が悪い」と思わせないということです。

人間、自分のことを「頭が悪い」と思ってしまって得することは何一つありません。とくに子どものころは、「自分はできる」「自分は頭がよい」という気持ちが、ものすごく大きな自信になりますから、まず最初に「自分はできる」と思わせて、自信をつけさせることが肝心です。

自信をつけさせる一番よい方法は、「できた」という体験をさせることです。よく子どもに対して「やればできるよ」と言う親がいますが、それだけでは子どもは納得してくれません。それよりも、ともかくやらせてみて、「やったらできたよ」という体験をさせることが重要なのです。「できた」というのは、とてもうれしいことですから、それだけで大きな自信になり、「自分はやればできるんだ」ということを確信するようになります。

その一方で、「自分は勉強ができるから、もう勉強しなくていい」というふうに思わせないようにしなければなりません。それでは、その時点で成長が止まってしまいます。

まず最初は、「できた」という体験をさせて自分のポテンシャル（潜在能力）に対して絶対の自信を持たせること。その次に、もっとできるようになるためには、もっと努力や工夫をしなければいけないということを納得させて、努力を続けさせるということが重要です。

第3章

勉強で身につける頭のよさとは？

問題解決能力のある子が頭のよい子

「頭がよい」というのは、単に「勉強ができる」ということだけではありません。認知心理学の見地からいいますと、「頭がよい」というのは、「問題解決能力がある」ということになります。できるだけいろいろな場面で問題を解決できる人ほど頭がよいということです。

問題を解決する場合には、自分の持っているさまざまな知識や経験を駆使して推論し、解法をシミュレーションしていきます。このときには、知識が多ければ多いほど、考える材料が多くなり、推論パターンも豊富になりますから、知識が豊富だということは、頭のよさの条件の一つです。

ところが、知識が豊富すぎても、「アメリカの○○という学者はこう言っている」という風に、問題に対して知識だけで答えてしまう場合も出てくるかもしれません。あるいは、知識や経験則が推論を縛ってしまうということもあるでしょう。

そこで、知識をうまく推論につなげるためには、「メタ認知」という態度が必要になります。これは、一段高いところから、自分の思考パターンなどを客観的に見つめようとする態度のことです。

人間の思考や推論は、自分の立場や感情に驚くほど左右されてしまいます。たとえば、気分が沈んでうつ的になると、悲観的な推論しかできなくなってしまうのです。あるいは、自分の立場によって、自分に都合よく物事を考えてしまうことはよくあります。

こうした弊害をなくすために、自分のことを客観的に見つめることによって、推論をより正しい問題解決に近づけようというのが、「メタ認知」なのです。

このメタ認知を働かせて、知識が豊富で、幅広い推論ができ、その推論が自分の立場や感情に左右されていないかどうかまで客観的にチェックできる人が、正しい問題解決法を見つけられる「頭のよい人」といえます。

ただし、もう一つ重要なポイントがあります。**それは、すべてを自分一人で考える必要はないということです。「わからないことは、自分よりよく知っている人に聞いて**

しまおう」というのも、頭がよいということの条件の一つといえるでしょう。

では、そういう「頭のよさ」が果たして受験勉強で身につくのかどうかということですが、私は身につくと考えています。

受験勉強は社会に出てからも役立つ

受験勉強で必要なことは、知識の定着です。今日覚えたことを今日テストされるわけではなく、ずっと後になってテストされることになります。

したがって、できるだけ長期間知識を定着させ、それを必要なときにいつでも取り出せるように訓練をするのが受験勉強です。

これは、大人になってからの問題解決時にもとても重要な要素といえます。必要なときに、必要な知識が思い浮かばなければ、重要な意思決定を正しく行うことはできないからです。

受験勉強では、現実検討能力というものも養われます。たとえば、自分の志望校の出題傾向を分析して、どのくらいの点数が必要かということを検討する。自分の得意科目が英語、苦手科目が数学だとすると、合格点まではあと二十点足りないから、この一年間で、英語を十五点伸ばして、数学は十点アップさせようというような対策プランを立てる。そういった能力のことです。

私も受験生のときには、東大の過去の入試問題を研究して自分なりに、対策を立てました。当時の東大理Ⅲの合格者の最低点が四百四十点満点中二百九十点とされていましたので、私は最低でも合計二百九十点は取れるように目標設定をしました。ところが、私の場合は国語がいつまでたってもできるようにならなかったため、国語は八十点満点中、漢字の問題で取れる四点に設定したのです。その代わりに、残りの科目で二百八十六点取るという目標を立てました。そうすれば、どんなにコンディションが悪くても、理Ⅲに受かると見たのです。

ずるいようですが、私のように、できない科目をいかにやらないで合格するかを考えるのも、作戦の一つといえます。

しかし、このようなことは実社会では頻繁に行われています。「苦手なことをいかにやらないで、得意なことでそれをカバーして、目標に到達するか」というのは、経営の世界では、最も効率的な経営手法とされています。現実にビジネス分野では、不得意事業を切り捨て、得意事業に特化して業績を上げるという、強みを生かす経営が盛んです。

もちろん、勉強の場合は、どの科目も最低限やっておかなければいけないことはありますから、苦手だからといってまったくやらないわけにはいかないでしょうが、それでも基本路線としては、受験対策も経営も同じです。

また、「〇日が納期だから、それまでにこの仕事を仕上げなければいけない」というスケジュール管理も、そのまま受験に当てはまります。

「あと一週間勉強時間があったら合格できたのに」というようなことは、受験では通用しませんし、もちろん、実社会でもそういう考え方は通用しません。

さらに、メタ認知を働かせる経験という点でも、受験はある程度役に立つはずです。

たとえば、数学の試験ができなかった後に、英語の試験を受ける場合、数学の試験の失敗で落ち込んでしまって得意の英語のテストができなかったということが起こるかもしれません。しかし、模擬試験などを通じて、「感情のコントロールをしなければ、最高のパフォーマンス（成績）を発揮することはできない」ということがわかってくれば、そうならないような対策も立てられるはずです。

これは、自分の認知特性を一段高いところから見つめ直し、コントロールするというメタ認知そのものなのです。

このような感情と結果のつながりを知っていれば、社会に出てからも「落ち込んでいたので、この仕事ができませんでした」というような事態を回避することが可能です。

このように、受験勉強というのは、社会に出てからも十分に通用する現実の問題解決能力を養うために、とてもよいトレーニングになると私は考えています。

獲得目標をはっきりとさせて勉強させる

子どもから、「大人になって、理科なんか役に立つの？」「難しい算数なんて大人になったら使わないいんじゃないの？」などと問いつめられて、困ってしまったという経験を持っているお父さん、お母さんもいるかもしれません。

こういう場合には、獲得目標を明確にして子どもに勉強をさせることが必要になります。

個別の教科については答えに詰まる場合もあると思いますが、勉強が「社会に出てから役に立つ」ということだけは間違いありませんので、そこをきちんと伝えるべきなのです。

受験の際に志望校を設定し、それに何とか合格するような方策を工夫することは、前項で述べたように、そのまま社会に出て役に立つことばかりです。また、「勉強をする習慣を身につけること」「努力を維持し続けること」「自分の感情をコントロールしながら、スランプであっても努力し続けることができるようにすること」なども、社会に出てから役に立ちます。

同様に、「わからないことがあれば人に聞く」ということも社会に出てからの重要な要素になります。

受験学力をつけるという行為自体から、非常に多くの社会的能力を獲得できるのだということをきちんと子どもに教えてあげましょう。

勉強することで、社会人として必要な、どんな能力を獲得すべきなのかという「獲得目標」さえはっきりさせてあげれば、子どもも自分の態度を前向きに変えることができるようになるでしょう。

勉強が苦しいのは当たり前、だからこそ工夫する意味がある

勉強というのは、楽なことばかりではありません。むしろ、苦しいのが当たり前です。

だからこそ、多くの人が苦に感じないように訓練を重ねているのです。

あるいは、できるだけ苦にならないような勉強法を自分なりに工夫している人もいます。

そういうところに勉強の一つの意味があるのだと思います。

大人になってからも、苦しい課題、厳しいノルマなどを突きつけられますが、それから逃れるわけにはいきません。

そんなときに、何とか少しでも楽に切り抜けられるような方法を工夫しながら、大半の人はその課題をクリアしていきます。そして難しい課題を上手にクリアできた人ほど、その後に偉くなっていったり、「仕事ができる人」と言われたりして、楽しく充実した生活を送ることができています。

ですから、苦しいけれども、それを何とか工夫してこなしていけば、必ず大人になってから役に立つのだということを諭してみることも必要だと思います。

第4章

小学校入学前に何を教えるか

小学校入学前に「字」に対する興味を持たせる

「我が家では子どもが小さいころからこんなことを教えています」という方針があり、しっかり幼児教育をやっている場合には、あえてそれを変える必要はありません。その方針をきちんと実行することが重要です。

ただ、もし現在「何を教えていいのかわからない」と悩んでいるのでしたら、まずは「字」を教えてください。

文字というのは、大人の感覚からすると、簡単そうに見え、読めて当たり前のように思えますが、小さな子どもにとっては字を覚えるというのは、とても根気のいる作業です。

数字の場合でしたら、一から十まで覚えるだけですみますし、算数の計算にはゲーム性がありますから、わりと退屈しないでできます。「二足す三は五」という計算も、指を数えていくことで結果は出てきます。計算が合っていたら、「あ、当たった」とか、「できるようになった。すごいすごい」と褒めてあげれば、子どもは楽しみながらやることができます。一見、難しそうに見えるのですが、わりあい感覚的に覚えていくことが可能なのが数字なのです。それに対して、「字」の場合は、その数だけでもとてもたくさんあります。字という概念を持っていない幼児にとって、これを覚えていくというのはとても難しいことなのです。

それだけに、子どもにとって字が読めるようになるということは、非常に達成感のある経験ともいえます。子どもにとって、ものすごく大きな最初のステップなのです。

精神分析的な発達理論においては、たとえばフロイトは「オマルにウンチができるようになるということが、最初の自律の達成経験だ」ということを言っています。それまでは一方的に与えられるばかりの存在だったのが、トイレットトレーニングによって初めて自律的なことができたということで、そのうれしさを子どもが感じるというのです。

心理学の世界にはいろいろな説がありますので、必ずしもフロイトの説だけが認められているというわけではありませんが、私が見ても、子どもが何かをできるようになったと感じる自律の経験はとても重要だと思います。

その中でも、「自分で字が読めるようになった」ということは、非常に重要な意味を持っていると考えられます。**字が読めるようになると、子どもは「ある種の魔法」を手に入れたような感覚を持つようです。**

文字を覚えさせるには名前から始めるのがよい

文字を教えるときには、五十音全部の字を見せて、一つずつ読んで聞かせるなどの方法がありますが、最初は、自分の名前から教えてあげるのがよいと思います。

たとえば、「わだまゆこ」と声に出しながら、何度も字を見せているうちに、これが「わ」で、これが「だ」だということが少しずつわかってくるようになります。

その次に、「じゃあ、おねえちゃんの名前は？」というように、変化を持たせていくと、「わだみきこ」というのが、こういう字だということを少しずつ理解できるようになってきます。そのうちに、「わだ」は同じ音だから、「ああそうか、これが〝わ〟、これが〝だ〟だな」ということがわかり、さらに、「まゆこ」の「こ」と「みきこ」の「こ」が同じだということも何となくわかっていくのです。

あとは順番に「ひでき」とか「ゆきこ」というように、父親や母親の名前を覚えさせるというのが一番スムーズにいく方法ではないかと思います。

絵本を読み聞かせる

名前が読めるようになってきたら、絵本を見せながら、読んであげるようにすると、だんだんと字を覚えていくようになります。この段階では、全部ひらがなで書かれている短い物語の絵本をたくさん読んであげるといいでしょう。

実は、子どもというのはものすごく記憶力がよく、短い物語であれば、すぐに覚えてしまいます。字よりも先に、物語自体を覚えてしまうのです。**子どもの記憶システ**

ムというのは、字が読めるから物語を覚えるのではなく、物語を覚えた後に、字と音を一致させていくようになっていくものです。

最初は親がゆっくりと読みながら聞かせてあげます。何回か聞かせてあげたら、「じゃあ、自分で読んでみようか」と言って、読ませてみます。読めなかったら、また親が読んで聞かせてあげます。そうしていると、不思議なことに子どもたちは物語のほうをどんどん覚えていくのです。そして、さかのぼるようにして、字と音を一致させていくことになります。

小学校入学前の子どもにとって大切なことは、文字の数は、一つでも、二つでもいいですから、「自分で字が読めた」という感覚を持つことです。文字に対する興味さえ持ってくれれば、それで十分。字を読めるようになりたいという欲求は、ほとんどの子どもが持っているはずですから、興味さえわけば、自然と身についていくようになります。

読めるようになってから書けるようにさせる

どのくらいの時期から絵本を読んであげるのがよいかということですが、二歳くらいである程度言葉が話せるようになって、テレビで幼児番組などを見るようになってきたら、テレビと並行して絵本を読んで聞かせてあげるというのがよいのではないかと思います。絵本の読み聞かせというのは、子どもの教育にとっても、親との関係づくりにとっても非常によいことですから、たくさん絵本を読んであげてください。

自分で読めるようになると、興味を持っていろいろなものを読むことにチャレンジするようになります。少しくらい漢字が交じっていても、「これって、何て読むの？」と聞いてきたりしながら、字を読むことを身につけていきます。

字を書けるようになることも重要なことですが、読めるようになってくると、たいていの子どもはだんだんと書けるようになっていきますので、書くことに関しては、

この段階ではそれほど心配しなくてもよいでしょう。むしろ、書くことを早く覚えさせようとあせってしまうほうがよくないと思います。「読み書き」といわれるように、まずは「読むこと」を先にして、次第に「書くこと」へとチャレンジさせていくのがよいのです。

絵本を読んであげると子どもは親の愛情を感じる

テレビと絵本の最大の違いは、子どもがお母さんなど親の愛情を感じるかどうかという点にあります。テレビを見せている間に親がほかの場所で家事などをやっている場合と、いっしょにそこにいて自分のためだけに絵本を読んでくれているのとでは、子どもにとって愛情の感じ方が違います。いっしょに絵本を読んでいる間は、子どもは親を独占しているという安心感を持てるのです。

絵本を読んであげながら、子どもとの感情の交流も起こります。たとえば、子どもを絵本の主役にしてあげたり、絵を見ながら子どもといっしょにファンタジーの世界に入ったりすることもできます。

「楽しい」という感情（快情動）がともなっていると、子どもは物事をよりスムーズに自分の頭の中に入れていくことができます。これは、最近の脳科学の世界でもよくいわれていることです。

ところで、私の専門とする精神分析の話を少ししますと、精神分析の世界では、「転移」という言葉が、よく使われています。

「転移」というのは、患者と治療者が精神分析の治療関係にあるとき、話をしているうちに、たとえば患者さんが治療者に親しみを感じてきて、治療者のことを自分のお父さんやお母さんのように感じてくるというものです。治療者のことを自分の人生の中で重要な相手のようにおきかえてみているということで、感情を向ける対象が治療者に乗り移った、すなわち転移したといわれるのです。

もともとの「転移」の意味は以上のようなことだったのですが、だんだんその意味が変わってきています。患者さんが治療者を誰かにおきかえてみなくても、患者さんの治療者に対する感情一般のことを転移と呼ぶ学者も増えてきました。逆に治療者が患者さんのほうに向ける感情を「逆転移」と呼びます。

こうした「逆転移」は治療関係に障害をもたらすことがあるため、「逆転移には気をつけるべきだ」という考え方が主流だったのですが、最近では、「逆転移があるからこそ、治療が有効に働くのだ」という考え方がされています。

つまり、治療者から入ってくる言葉が、単なる自分の心を分析した解説ではなく、感情をともなった言葉だからこそ、患者さんに影響を与え、治療効果が生まれるという理屈なのです。

お父さんやお母さんと子どもの場合は、「転移」の関係ではなく、親子そのものですが、その場合にも親の感情（愛情）のともなった言葉が、子どもとの感情の交流を生み、子どもによい影響を与えることになるわけです。

親が子どもに絵本を読んであげることとは、子どもに愛情を伝える非常によい機会になるのです。

とはいっても、絵本を読んであげるときに、親が感情とか愛情のことなどを意識する必要はまったくなく、子どもは絵本を読んでもらっているという行為自体から自然に親の愛情を感じてくれます。

勉強することと愛されているという感情を結びつける

子どもに絵本を読んであげるということには、もう一つの効用があります。それは、「勉強を教えてもらうこと」と、「愛されているという感情」を結びつけることによる効果です。これは、後々の受験期においても大きな意味を持ってきます。

たとえば、中学校受験のときや、高校、大学受験のときに、親が「勉強しなさい」と言うことは増えてくると思いますが、そんなときに、子どもの側は、「うるせえなあ」とか「親の見栄のために勉強をさせようとしている」とか「世間体のために俺に勉強をしろと言っている」などと思うことがあります。

この際に、幼時体験として、「親が自分に勉強をさせること」と「親が自分を愛してくれている」という感情（快情動）が結びつくような経験を持っているかどうかということが、子どもの考え方に大きく影響してきます。

「親が自分に勉強をしろと言っているのは、それは自分のことを大切に思ってくれているからなんだ」と思ってもらえれば一番よいのですが、その礎をつくっておくためにも、幼児のときに、絵本を読んであげて、「親から勉強をさせられること」と、「自分が愛されていること」は同じことなんだという原体験をつくっておくとよいのです。

本来、絵本というのは非常に楽しいものであって、親子ともにファンタジーの世界を共有できるものですから、たっぷりと時間をとって、子どもといっしょに絵本を楽しんでみてください。

「お受験」は○、でも、親がカッとなるなら×

もう少し子どもが成長してきますと、小学校受験をさせるかどうかを考え始める御家庭もあると思います。

「お受験」をする子どものための塾もありますし、「お受験」用のドリルも売っています。

私自身は、「お受験」の勉強に関しては、子どもの能力開発のためにはある程度有効だと考えています。といいますのは、「お受験」の際に出題される問題は、子どもの創造力を育む質のよい問題が出されることが多いからです。レベル的に見ても、ほとんどの問題は、がんばればできるレベルのものが出題されます。

そのため、塾などでは文字を覚えたり、右と左を覚えたり、物語の順番を並べ替えてみたりするなど、子どもの潜在能力を育てるようなトレーニングが行われています。パズル的な問題もありますから、頭を柔らかくするには非常によいのではないかと考えられます。

そういう点では「お受験」しない家庭でも、「お受験」用の問題集をやらせてみるということは、非常によいことではないかと思います。

ただし、気をつけなければならないのは、親の態度のほうです。教育熱心な親、特にお母さんが多いようですが、子どもが問題を解けなかったりすると、親のほうがカッとしてしまうことが多いのです。私の見るかぎり、「お受験」が絡むと、かなりの高確率でお母さんは怒ることが多くなります。中には、答えを間違えると子どもに対して怒り狂うような人もいるほどです。

これは、後々まで子どもの心理状態に悪い影響を及ぼしますので、絶対に避けるべきです。

勉強と不快情動を結びつけてはダメ

「お受験」のときに、お母さんなど親が怒るとなぜいけないのかということを心理学的な見地から説明してみます。

子どもを勉強好きにさせるには、勉強と快情動を結びつけることが基本です。「勉強をすると、お母さんが喜んでくれるというい気分（快情動）を味わえるんだ」「勉強をさせられるのは、お母さんが自分のことを大事にしてくれているからだ」というように思わせておくことが大切なのです。

それに対して、勉強をするたびに、お母さん、お父さんから怒られていますと、勉強と怒られたイヤな気分（不快情動）が結びついてしまうことになります。これでは、

「勉強は不快なもの」という感覚がどんどん植えつけられていき、勉強をする気にならなくなってしまう可能性が高くなります。

「お受験」に合格するかどうかという現在のことだけにとらわれず、「将来にわたって自分の子どもが勉強を好きになれるかどうか」という視点に立って考えることが重要です。

これからの時代は、「学歴」と「学力」の双方が重視されることになります。

そんな社会で生き残っていくためには、「勉強が好きであること」が一番重要なポイントとなるのですから、ともかく子どもが勉強を嫌いにならないような行動を心がけるべきでしょう。

「お受験」の勉強のときには、「何でこんなことができないの！　この前やったことでしょ」と言ってパシッと叩いたりするのではなく、「これもできるようになったね。すごいね」「あれもできるようになったね。よくできたね」と褒めてあげることが大原則です。

いずれにしても、親が怒りの感情を我慢することができるかどうかが、「お受験」の際の重要なポイントになります。

幼児期の勉強では叱らない

本来、「叱る」ということは、大切なことなのですが、まず先に子どもが「親から愛されている」という実感を十分に持っていないと、叱ることが本当の効果を発揮しません。あまりにも叱られてばかりいますと、「親は自分のことが好きじゃないから叱っているんだ」というように思われてしまうこともあります。

もちろん、人間としてやってはいけないことに対して叱る場合には、愛情が先とはいっていられませんから、すぐに叱ってもかまいませんが、勉強に関するかぎりは、あくまでも叱ることより愛情を優先すべきです。

親というのは、幼児にとっては圧倒的に強い立場にあります。その圧倒的に強い立場の人から、ものすごく怖い怒り方をされるということを、子どもの立場になって想像してみてください。

それはもう、叱られているというよりも、ビクッとするほど怖いことをされていると感じるのではないでしょうか。幼児期の勉強に関していえば、叱ることはできるかぎり我慢するというくらいのほうがちょうどいいのです。

本来子どもというのは、叱られるよりも、褒められるほうが伸びるものです。叱ることを極力我慢して、どんどん褒めてあげてください。

小学校入学前に勉強の先取りをさせておき、できる気にさせる

子どもを勉強嫌いにさせないためには、小学校入学前にちょっとしたマジックのようなことをしておくことも必要になります。

それは、小学校に入る前に、ある程度小学校の勉強の先取りをさせておくということです。文字が読めることのほかに、九九(くく)などもあらかじめ教えておくとよいのです。

そうしますと、学校に入ったときに「簡単、簡単」「全部できた」という気になれま

す。これは子どもにとって非常にうれしいことですから、勉強を嫌いにさせないためにはとても有効な作戦なのです。

一般論からいえば、「僕はほかの子よりもできる」とか、「私は頭がいいんだ」とか、「学校で教わったこと、すごく簡単だったよ」というほうが、勉強に対する動機づけは高くなります。その時点ですでに動機づけに差が出てきますから、その後の伸びも変わってきます。

基本的には勉強というのは、「先行逃げ切り」が絶対に有利ですから、勉強の先取りをさせておき、ほかの子よりもできたような気にさせるということは、とても重要なことになります。

もちろん、子どもによっては学校の勉強が簡単すぎて、学校をなめてしまい、勉強しなくなるということがあるかもしれません。けれども、もしそうなってしまいそうな兆候(ちょうこう)があれば、現在よりもさらに上のレベルのものに、ドリルなどを使いながらチャレンジさせてみればよいのです。

まだ九九を覚えていなかったら、九九を覚えさせてもいいですし、あるいは、「しりとり」ゲームをするというのもよいでしょう。

しりとりは、音と文字を一致させるのに非常に有効な道具です。しりとりをするようになると、りんごの「り」と、りすの「り」が同じものだということがわかるようになります。こうした感覚を身につけていくことも勉強の一つです。

しりとりという遊びは、子どもにとっては決して簡単なものではありませんから、「お受験」問題では、しりとりはよく出題されています。

「お受験」をさせるなら、入学後のことをきちんと考えておく

「お受験」をさせる場合には、気をつけておかなければならないことがあります。それは、入学後の子どもの学力です。

「お受験」が必要な学校は、その後エスカレーター式に大学までつながっているようなところが多いので、入学後にほとんど家で勉強をしなくなってしまうという子が少なくありません。

その学校で、そういった環境に染まってしまわないように気をつけてあげて、**小学校に入ってからは、少なくとも、国語と算数の基礎学力がどのくらいあるのかをチェックし続けてあげるというのが親の大事な役目となります。**

「エスカレーター式の学校に入れたから、あとは楽だ」と考えるのではなく、「学力がつかなければ社会に出てから困るのは子どもだ」という考え方で接するべきです。

「うちの子は〝お嬢さん〟にするからいい」という考えであったとしても、やはり子どものために保険をかけてあげるとしたら、勉強をさせて学力をつけてあげることが一番だと思います。

〝お嬢さん〟に育てたいという親の中には、玉の輿願望を抱いている人も少なくないのですが、その子がうまく玉の輿に乗れる確率は必ずしも高いとはいえないはずです。

親の望み通りの人生を歩んでくれるかどうかは、まったくわかりませんので、一番つぶしのきく、リスクの少ない保険をかけてあげるという意味でも、学力が伸びそうな学校かどうかということを中心に据えて、「お受験」を考えてあげるべきだと思います。

そういう点では、大学までエスカレーター式の小学校を受験するのであれば、できるだけ進級の厳しい学校に行くようにしたほうがよいでしょう。やはり、外的な強制力がないと子どもは勉強しなくなってしまいがちですから。

第5章

小学校入学後に何を教えるか

一人で教科書を勉強させず、親が手伝いながらどんどん先へ進む

小学校入学後の勉強では、国語の場合は、教科書を読み進ませることが基本になります。どんどん読ませていけば、一年生の教科書であればだいたい一学期で全部読めてしまうはずです。一年生の教科書というのは、絵本のレベルよりずっとやさしくて、内容も簡単なものばかりですから、どんどん先まで読ませ、「簡単だ」という感覚を持たせてよいと思います。

ただ、一つ問題があるとすれば、それは日本の教科書が自学自習に向かないようにつくられているという点です。

外国の教科書というのは、分厚くて、説明が非常に多く書いてあり、できる子は自分で読んで、どんどん先に進めるようになっていますが、日本の教科書は、学校の勉強が簡単すぎて授業を軽視する子どもが出てくるとよくないということで、先生が教

えなければわからないようにつくられているのです。どんどん先に進んでいってしまう子をつくらず、平均的なレベルでの画一的な授業を推し進めようという教育政策が影響しているということです。

教科書のせいで、子どもの意欲や成長の芽を摘まれてはたまりませんので、一人で取り組ませるのではなく、親が手伝ってあげながら、どんどん先をやらせましょう。

ただし、先に進んでいくということ自体はよいことなのですが、一度やったことを「もう忘れちゃった」というのでは意味がありません。新しいことを覚えていくと同時に、これまでに習ったことをきちんと覚えているかということをチェックしてあげる必要があります。

それには、親子のコミュニケーションをかねて、読み書きのテストをたびたびやってあげるというようなことが役に立ちます。学校であまりテストをしてくれない場合には、とくに重要です。

学校任せ、教科書任せにせず、親が丁寧に教えてあげて、何回もテストしてあげるということが小学校低学年のうちには重要なのです。そういう意味では、小学校入学後も、まだ当分の間は、教師としての親の役割が続きます。

学校の勉強をなめさせるな

親が手伝って、どんどん先を勉強させていくと、「学校の勉強は簡単すぎてつまらない」という感覚を持つ子も出てきます。

しかし、学校の勉強をなめてしまうと、先生の話を聞かないようになってしまいます。その結果、気づいたときには学校の授業についていけなくなっていたなどということが出てくる可能性がないとはいえません。

ですから、**おさらいの大切さをきちんと子どもに諭しておく必要があります。**小学校一年生くらいですと、まだ復習や、おさらいという概念がよくわからないかもしれませんので、別の言い方で工夫をしてみましょう。

たとえば、「一回覚えたことを、もう一回聞くとすごく頭がよくなるんだよ」とか「学校というのは、授業を聞くところなんだから、いくら簡単なことでもきちんと聞きなさい。パパやママとは違う教え方をするかもしれないから、そうしたら教えてね」などいろいろな理屈が考えられます。親がどんどん先を教える場合でも、**「学校の授業をきちんと聞く」という態度だけは身につけさせておきましょう。**

そういう基本的な授業態度やマナーを守らせたうえで、家庭内では学校よりもどんどん先に勉強を進めていけばよいのです。

学校であったことを話させる習慣をつける

学校でどんなことを習っているのか、それを簡単と感じているのか、難しいと感じているのかなどを知るためには、**その日に学校であったことを、必ず話す習慣を身につけさせておくことが重要です。**

その日に学校であった出来事、とくに楽しかったことを話させて、学校をおもしろいと思っているのかどうかということを確実にチェックしておく必要があります。つまらないと感じているようであれば、それは友人関係がつまらないのか、勉強がわからないからつまらないのかということを、話を聞いて探っていきます。勉強でつまずいているようであれば、「今日学校で習ってきたことを教えて」と聞いてみれば、本人が中途半端にしか理解していないことについてもきちんと把握(はあく)できるものです。

ただし、子どもの話を毎日聞いてあげるというのは、親にとっては根気のいることです。子どもがかわいくてかわいくてしょうがないうちは、何を聞いても楽しいのですが、小学校低学年の会話には、大人から見ればレベルの低い話がたくさん出てきますし、ともかく授業の進み方はおそろしく遅いのですから、毎日の授業の話を聞いていたら、「子どもの話は退屈だ」と感じてきてしまいます。

たとえ、一日目はおもしろそうに聞けても、二日目も三日目も同じような話をされるのですから、だんだんとつまらなくなります。しかし、そこでつまらなそうな顔をしてはダメで、つまらないと思ってもきちんと話を聞いてあげることによってはじめて、親に話をする習慣が生まれてくるのです。

話を聞いてみて、新しく習ったことがわかるようになった感じであれば褒めてあげ、勉強を難しく感じ始めていそうだと思ったら、「じゃあ、ママがちょっと問題つくってあげるからやってみようよ」などと言って、その部分をきちんと確認していきます。「なあんだ、習ったのにできないじゃん」というような気軽な感じでさらにコミュニケーションを深めていけば、子どももどんどん話をするようになりますし、勉強でのつまずきをいち早く発見することもできます。

このようなコミュニケーションを続けていれば、急に話をしなくなったときに、「何かあったんじゃないか」などとすぐに察知できるようになります。勉強がわからなくなったのかもしれないし、友だちとけんかをしたのかもしれない。あるいは、いじめにあっているのかもしれません。

家に帰ってきて必ず学校のことを話すような親子関係をつくっておけば、学校でいじめられている場合などにも、その兆候を早いうちからとらえることが可能になってくるでしょう。

自分の子どもにあった教材を探す手間を惜しまない

前にも述べたように日本の教科書というのは自学自習には向いていませんから、もし、親がうまく教えられるというのであれば、教科書を使わずに、独自に漢字や足し算や掛け算を教えてもかまいません。

また、教科書だけでは物足りない場合には、ドリルや練習帳のようなものを買ってやらせてみるという手もあります。そういうことをしながら、子どもの理解力をきちんと把握していきましょう。第七章で具体的なおすすめの参考書やドリルを挙げていますので参考にしてください。

子どもが掛け算がわかっていないと感じた場合には、学校の補助教材用のタイルを買ってきたりして教えることも検討してみてください。

タイル学習とは、二×三を教えるときに、二枚並べたタイルを三つつくって、六枚になることを実際に見せ、わからせるという学習法です。タイルが規則的に増えていく様子を視覚で捉えることができて、掛け算の広がりをイメージできます。高学年で学ぶ面積図にもつながります。インターネットでいろいろな教材が販売されているので探してみてください。モンテッソーリなどさまざまな教材がありますが、子どもが楽しみ、よくわかるようになるのであれば何でもかまいません。

あるいは、インターネット上の動画では、タイルの絵できちんと掛け算を教えてくれるものもあります。

もし、よい教材が見つからなければ、紙を切って、六枚のタイルをつくるなど、いっしょに教材をつくるところから始めてみてもいいでしょう。実際に手を動かして行う学びとなるので効果的です。手間を惜しまないで、親が一生懸命教えてくれている姿を見れば、子どもは喜ぶものです。

勉強を嫌いにしないためには、「勉強は楽しいものだ」「お母さんがつきあってくれるものだ」「新しいことがわかるんだ」という感覚を、小学校の低学年の間にいかに植えつけていくかということが重要です。

子どもが小学校へ入学したらひと安心、というのではなく、小学校低学年のうちは、親の教育態度いかんで、その子の学習能力や勉強態度に大きな影響を与える時期だということを認識しておく必要があります。

九九は一日でも早く覚えさせる

九九などは早く覚えられれば、早く覚えるほどよいと思います。小学校入学前でも覚えられるのであればチャレンジさせるとよいのですが、少なくとも小学校に入ったらすぐにでも九九を覚えさせましょう。

九九というのは単なる道具に過ぎませんから、意味などがわからなくても、何度も何度も繰り返し声に出させて、単純に覚え込ませればよいのです。インターネットの動画では「九九の歌」も聴けるので一緒に歌いながら覚えるのもよいでしょう。単純な暗記では数学的な考え方や創造性がはぐくまれないという説もありますが、現実にはそのようなことはありません。

コンピュータソフトの分野で、世界でもトップクラスの創造性を発揮しているインドでは、二桁同士（一九×一九まではやらせている）の掛け算を、やはり歌のようにして子どもたちに単純に覚え込ませています。

「九歳の壁」を越えてしまって高学年になると、記憶システムが変わって単純な暗記をすることがだんだん苦手になってきますから、小学校低学年のうちに確実に九九を丸暗記させておくことが不可欠です。

私はソロバン、弟は公文をやったら、計算がおっくうでなくなった

計算は、速くて正確にできるようになることが目標ですが、それよりも重要なことは、「計算をおっくうがらないようにさせる」ということです。

これは、中学校受験や高校受験をさせるようになるとわかることですが、計算をおっくうに感じている子は、あきらめがすごく早くなってしまう傾向が出てくるのです。

問題の解き方はわかったのに、そのあとの計算がちょっと複雑になると、時間がかかってしまってやる気を失ってしまったり、自分の解き方がうまくいかないときに、何度も計算するのが面倒なので、次のやり方を試す気にならなくなってしまったりするということが出てきます。

計算をおっくうがらせないためにも、計算を得意だと思い込ませるような方法、計算を楽しいと思い込ませるような方法で、勉強をさせることが必要なのです。

第一章でも述べましたが、私の場合は、小学校三年生のときに、ソロバンをやっていました。

基本的にはソロバンというのは、頭を使って覚えるものではなく、体で覚えるものです。私自身も頭を使っているというような感覚はまったくありませんでした。指のトレーニングのような感覚だったといったほうがいいのかもしれません。

ソロバン塾では、五桁、六桁の足し算、引き算を暗算でやらされていましたし、読み上げ暗算では、掛け算まで暗算でやらされていました。そうするうちに、四桁×四桁という計算でも、ソロバンの珠が頭の中に浮かんできて、すぐに答えが出るようになりました。計算しているというよりも、自然に答えが浮かんでくるようになったのです。

一方、私の弟は、この時期に公文式学習法をやっていました。公文式のよいところは学年の枠がないということです。三年生でも、三年生用のカリキュラムが終われば、四年生用、五年生用とどんどん上がっていけます。ある種の「飛び級」ができるのです。

子どもとしては、三年生のときに「自分はもう五年生の勉強をしている」という感覚がとてもうれしいものとなります。誇りが持てるのです。弟は勉強ができるほうではありませんでしたが、公文式は喜んでやっていました。

たまたま、私や弟は、ソロバンや公文式をしていたというだけの話ですが、もし、子どもが嫌がるようでなければ、こういうものを取り入れるのも、計算をおっくうがらせないための一つの選択肢といえるかもしれません。

中学受験塾にはいつから入るべきか

かつては小学四年生から塾に通わせるのが一般的でしたが、最近は低学年クラスが用意されており、小学一、二年生から通わせたほうがいいのではと考える方も多いと思います。

しかし、一般的に中学受験塾のカリキュラムは発達の差を考慮したものにはなっていません。そのまま強引に通わせて、発達の遅い子に辛い思いをさせてしまうリスクよりも、事前準備として、計算や漢字の読み書き、基本の読解術などを教えてくれる地元の補習塾や公文式に通わせてから、中学受験塾にステップアップしていくほうが、子どもにとってはずっと安心だと思います。

子どもが初めて通う塾は、「勉強ってこんなに楽しいんだ！」と思わせてくれるようなところがよいでしょう。

例えば「花まる学習会」は、詰め込み型の学習塾と違って、まるで遊びを楽しむような学習スタイルで人気の塾です。子どもの意欲を引き出してくれると評判ですが、子どもの性格や特性によっては合わないこともありますので、試しに通わせて反応を見てから判断してください。

人気の塾でも、その子にとって「楽しくない場所」であれば、無理に行かせるのではなく、他の塾を探してあげましょう。

中学受験をする、しないにかかわらず、低学年のうちに子どもの基礎学力を固めたいという場合には、科目別の塾を利用するといいでしょう。英会話スクール（ネイティブの先生と簡単な会話を楽しむ）、英語塾（英検の「級」をとるために文法力や単語力を身に付ける）、国語塾（読解力を身に付ける）など、子どもの興味やレベルに合わせて選んであげてください。

第6章

小学校高学年にどう勉強させるか

（中学校受験対策）

中学受験に向いている子と向いていない子がいる

小学校高学年になると、いよいよ中学受験を考えるころです。

「子どもが行きたがっている学校がある」「親として行かせたい学校がある」などの強い思いがあるならば、中学受験に挑戦する価値はあると思います。というのも、中学受験のための勉強は、計算力や読解力、漢字力、語彙力など基礎学力が身につくうえに、学習の習慣づけにもつながるからです。

ただし中学受験では、ひらめきやセンスを必要とするハイレベルな学力や抽象思考力などが求められるため、子どもの発達や性格によっては向いていない子もいます。

残念ながら発達が遅い子にとっては、不利になってしまうのが現実です。九歳の壁を越えていることは必要条件ともいえるでしょう。

壁を越えていたとしても、子どもの能力特性に合った出題傾向の学校を選ぶことも、中学受験では重要なことです。

そのうえで、性格的には競争好きで、負けん気が強いほうが向いています。傷つきやすくてプレッシャーに弱い子は、受験に失敗してしまったときに耐えられないかもしれません。そういう子にわざわざ無理をさせる必要はないと、私は考えます。子どもの性格や特性を考慮した選択をしてあげましょう。

志望校選びは、子どもとの相性を見極めて

名門校を目指すのか、附属校や公立の中高一貫校から選ぶのか――志望校選びは、よく考えて決めることが大切です。学校選びの際は、「子どもとの相性」をしっかりと見極めてあげましょう。もちろん中学受験をしないことも、ひとつの立派な選択です。

志望校を選ぶ際には、子どもと一緒に文化祭や説明会に行ってみることをおすすめします。学校の雰囲気を実際に見たうえで、子どもがどう思うか聞いてみてください。

自らの意思で「行きたい」というようになれば、勉強も頑張れるでしょう。

志望校を選ぶ際に無視できないのが、偏差値です。偏差値とは学力のレベルを示す評価基準のことで、五〇が平均値です。ただし、偏差値は同じ内容のテストでも、そのテストを受けた生徒の学力や人数によって変わってきます。偏差値とテストの難易度は、必ずしも一致しません。

一般的に偏差値六〇と聞くと難関校と思いがちですが、出題傾向や配点によっては、偏差値六〇に届いていない子であっても「やさしい」と感じることだってあり得ます。偏差値だけでなく、体感難度を考慮した学校選びを意識してください。

中高一貫の名門校にこだわるあまり、ぎりぎりでもとにかく受かればいいという考え方はリスクを伴います。入学時の成績がビリでも、そこから這い上がって上位を目指すような気概のある子ならば心配ないのですが、まわりの子に勉強で勝てないため自信を無くしてしまう子もいます。頑張って勉強して入った名門校のメリットを享受できないまま、劣等生として落ち着いてしまう子も少なくありません。

また、大学受験の負担を軽くしてあげたいという親心から、大学の附属校を選びたくなる方も多いでしょう。ですが附属校への進学は、子どもの進む大学を中学受験の時点で決めてしまうことでもあります。子どもの伸びる可能性を奪うことにならないか、しっかり考えたうえで選択すべきでしょう。

附属校の内部進学では内申点が重視されるので、まじめで従順なタイプが評価されやすくなります。発達の凸凹があったり、強い主張のある子にとっては窮屈に感じるかもしれません。ちなみに内部進学で理学部や医学部を目指す場合には、その条件はかなり厳しく、外部受験よりかえってハードルが高くなってしまうこともありますので、事前によく調べておきましょう。

文科省主導で一九九九年に導入された公立の中高一貫校は、併設型と中等教育学校と連携型の三タイプがあり、進学実績も悪くありません（図4）。私立と比べて学費が安く抑えられる（中学三年間は無料）ので、ダブルスクールで大学受験に備えることも可能です。ただし中学受験での競争倍率は高く、入学試験では「適性検査」や「作文」を採用している学校が多いため、特別な対策が必要でしょう。

図4　2023年東京都立中高一貫校 東大合格者数（現役）トップ3

小石川　16名（卒業生160名）

都立武蔵　9名（卒業生160名）

両国　6名（卒業生180名）

受験塾の選び方、二つのポイント

受験塾を選ぶ際のポイントは二つです。**一つは実績を見るということ。実績があるということは受験対策のノウハウがよいと判断できます。**もちろん、実績を見るときには、合格者数だけを見るのではなくて、きちんと分母も見なければなりません。何人中何人が入っているのかということです。

たとえば、一万人もいるような塾でしたら、たとえ何十人かが開成中学に受かっていたとしても、それほど大したことはないということになります。ですから、分母も含めて実績を見るということが必要です。また、できない子をどの程度伸ばしているのかというデータを出している塾もありますので、そういうことも実績の一つとして見極めるべきでしょう。いまは塾同士の競争が激しいので、「このぐらいの成績の子をこの学校に受からせました」とか、「わからないことを残さないように個別に指導しています」とか、「何時までかかっても、納得がいくまで教えます」という説明をしてくれるはずです。そのときに、「入塾時とその後で、どのくらい成績が伸びた実績がありますか」と聞いてみて、そういう情報の開示が進んだ塾を選ぶとよいでしょう。

また、トップ校だけでなく、二番手、三番手の中堅校の合格実績もあわせて確認しておきましょう。誰もがトップ校に行けるわけではありません。途中で、第一志望を中堅校に切り替えることもあるでしょう。名門塾の中には、中堅校対策がすっぽりと抜け落ちているところが意外と多くありますので、あらかじめ調べておきましょう。

二つ目のポイントは、自分の子どもの能力に合った塾に入れるということです。一流中学への高い合格実績を誇る塾であっても、自分の子どもにとって、過度の背伸びをさせるようだと逆効果になります。塾に入ったとたんに、いきなり「わからない」「ついていけない」という体験をさせるのはよくありません。

さまざまなタイプの中学受験塾を比較してみる

中学受験塾と一口にいっても、さまざまなタイプの塾があります。子どもとの相性をしっかり見極めて選ぶことが大切です。各塾の性格にも、「スパルタ型」「努力重視型」「志望校対策型」「受験テクニック伝授型」とあるので、お子さんにあった塾を選んであげてください。私自身は、勉強法を身につけて実力を高めていったので、「受験テクニック伝授型」をとくにおすすめしたいと考えています。

なお種類を大きく分ければ、トップレベルの名門塾と、地元密着型の塾があるでしょう。

トップレベルの名門塾は、学習内容が相当にハイレベルなので、「トップ校のどこかに合格する」率は高くなります。一方で、志望校別の対策には注力していないところが多いので、志望校がはっきりしている場合には効率が悪くなるでしょう。人数の多いマンモス校であっても、レベル別のクラス分けがされているので、授業内容についていけないということは起こりにくいです。

なお、名門塾の多くは「できない子にわかりやすく教える」ところではなく、「できる子の成績をさらに伸ばして難関校に合格させる」ことが目的なので、すべてが塾主導で進んでいきます。たとえばトップレベルの難関校を本気で目指すのであれば、名門塾の中の上位クラス（SAPIXならばアルファクラス）に居続けることが必須条件です。子どもにとってかなりのプレッシャーになるので、塾のやり方やペースに合わない子は、精神的にきつくなっていくので注意が必要です。

地元密着型の塾は、地元のトップ校を中心に、各校の入試問題を徹底的に分析したうえで傾向と対策を教えてくれるので、志望校が合致する場合には効率のいい勉強ができます。マンツーマンなど少人数制の塾であれば、丁寧な個別指導も期待できるでしょう。

湯水のように塾にお金を使うなら、親が勉強して教える手も

近年、マンツーマンで生徒に指導する個別指導塾が急増しています。少子化によって子ども一人当たりにかけられる学習費が増えたこと、質の高い授業のニーズが高まったことなどさまざまな要因があります。中には、集団指導塾に加えて、個別指導塾に通わせているような家庭も見受けられます。塾側も少子化で、子ども一人当たりの売り上げを高くとりたいというのが実情ですから、塾にお金をかけようと思えば、ピンからキリまでコストがかかるといってよいでしょう。

とはいえ、親が何も考えずに、湯水のように塾にお金をかけて子どもを通わせることがベストであるかは、一度立ち止まって考えるようにしてください。

私は常々、「親自身が勉強をすべき」と語っています。子どもの能力に合わせて、親自身が勉強を見てあげることが理想的だと思うからです。いまは昔と比べて親も高

学歴です。わかりやすい参考書も増えていますし、親が、自分でも教えられるような参考書を選んで教えてあげればよいのです。なお、おすすめの参考書などは第七章で紹介しているので、ぜひ参考にしてください。

子どもの現状を把握し、きちんとした情報を仕入れながら、受験参考書なども研究して、できるだけ意欲がわくようなやり方で、家庭で自ら子どもに学力がつくようにサポートしてあげましょう。

家庭教師を雇ったほうがよいか

集団が苦手で、生徒数の多い塾では勉強に集中できない子や、今通っている塾で成績が思うように上がっていないようであれば、一度、家庭教師や個別指導の塾に替えてみてもいいかもしれません。

講師や教師の学歴と教え方のうまさは必ずしも一致するものではありませんが、**そ**

の学習観は、教え方に反映されます。子どもに合うか合わないかはチェックしたほうがよいでしょう。

たとえば、根性第一主義で合格を勝ち取ってきたタイプは、質より量で進めようとする傾向があり、注意が必要です。また、成績トップの秀才タイプも、勉強で苦労した経験がないせいか、できない子に教えることが得意ではないように思います。

それよりも、テクニックを身につけることで成績は上がるという考え方を持っている人のほうが、実践的で頼りになると思います。もともと劣等生でありながらトップレベルの大学に合格した人に多くみられるタイプです。

また、教師のパーソナリティは、親がしっかりと見極めましょう。

基本的には、「褒めて育てる」を実践している人がいいでしょう。「ダメだ」ばかりの先生では、子どもは委縮してしまいます。

ちなみに先取り学習のために、家庭教師を利用することもおすすめです。

テーマごとに肝となる部分を明確にしてもらうことで効率よく学べるうえに、わからないことをすぐに質問できるので、学年を超えた勉強を無理なく進めていくことが可能になります。

塾で成績が悪かったらどうすればよいか

塾に入って、成績が伸びた場合には、放っておいても何ら問題はないでしょう。子どもの場合は、自分がよくできて調子のよい状態のときには、行け行けになります。自然に勉強もはかどっていきます。

しかし、問題は塾に入ったのに成績がよくならないケースです。このようなときには、欠かさずに親がサポートする必要があります。

あまりにもできないようであれば、子どもにその塾が本当に合っているのかどうかを、もう一度調べてみなければなりません。「この塾は、できる子にはすごくいい教え方をするけど、下のほうの子にはあまり面倒見がよくなさそうだ」というように判断したら、別の塾をすすめてみるというようなことも必要になります。

ただ、別の塾をすすめる場合には、子どもの意向をよく聞いてから決める必要があります。「ビリでもいいからこの塾でついていきたい」というような反応が返ってくることもあるからです。仲の良い友だちがいるからとか、塾の先生のことが好きだからとか、いろいろな理由が考えられます。

そういう場合には無理に話を進めずに、夏休みのような余裕のあるときに、「いま算数で苦戦しているみたいだから、夏休みの間だけ、わかりやすい授業をしてくれる塾で補習を受けてみない？」というように、いまの塾をやめないですむような方向で考えてあげることも大切です。そこで、補習を受けさせてみて、成績が伸びるかどうかを判断して、それからトータルして考えて塾をどこにするのか決めるとよいでしょう。

また、成績が伸びないときには、あまり中学校受験のことを意識させないほうが賢明です。「初めに受験ありき」で、「このままでは○○中学は難しいから、もう一つ塾に行ってみては？」と言うようなことは避けるべきです。

そもそも、塾に行けば、誰もいわなくても子ども自身が中学校受験をものすごく意識するようになります。そんなときに受験のことを持ち出すのは、「うるさいな、わかってるよぉ！」という感じで逆効果にしかなりません。

ですから、親としては、塾に行かせる目的は、中学校受験に成功することではなく、もっと勉強ができるようになるため、もっと頭をよくするためなのだということを、明確に子どもにアピールしておくことも大事なことといえるでしょう。

「塾はいつでも替えられる」と考えよう

中学校受験というのは、勉強を始める時期が小学校三年生とか四年生のころですから、その時点で挫折させてしまってはならないものです。もし、「九歳の壁を越えていない」ということで、高いレベルの塾に行かせるのがたいへんそうだと思ったら、最初は一つ下のランクで、そこでしっかりとわかるようにさせて、その塾での優等生になってから、ワンランク上の塾に行くというぐらいの方法のほうがよいと思います。

その塾で毎日がんばっているのに成績が上がらないとしたら、その塾が合っていないのかもしれません。子どもが塾に行くことを嫌がっていないか、塾の友だちとうまくやれているか、塾の勉強についていけているか、チェックしてみてください。子どものニーズに合っていない塾でがんばらせても、勉強が嫌いになるだけで、その子の将来に悪影響になる可能性があります。

「できない・わからない」は、子どものせいではありません。教えるプロであるはずの塾の教え方がよくないか、その子に合っていないことが原因です。そのうえに「努力が足りない」という根性論を振りかざしてきたら、塾を替えたほうがよいでしょう。

学校はそう簡単に替えられませんが、塾は替えられます。逆に、子どもの成績が上がったときは、まず、頑張った子どもを褒めてあげたうえで、塾にも感謝の気持ちを伝えましょう。子どもの成績が上がることは喜ばしい成果であり、一層のやる気をもって子どもと接してくれるはずです。

また、塾がすすめてくる勉強法や学校は、あくまでも塾の都合です。受験塾の「信者」になって、いわれるままに従ってしまうのは、その子のためにならないことがありますから要注意です。そもそも塾が欲しいのは「合格実績」です。子どもの将来のことまでは考えてくれません。

たとえば「最終的な目標は東大合格」という子に対して、中学受験の成績を見た上で、「ビリで難関校に行くよりも、二番手の学校でトップをとるほうが、東大をめざしやすい」など、その子の性格までを考えたアドバイスはしてくれないでしょう。

親は、こうした事情をわかったうえで、塾と付き合うべきです。**塾は利用するものであり、振り回されるものではありません。**

中学校受験で親が燃え尽きないように

中学校受験というのは、人生の入り口の段階にすぎません。今後、高校受験、大学受験と続いていきますし、場合によっては、留学のための試験や司法試験、医師国家試験などを受験することになるかもしれません。さらに社会に出てからもさまざまな試験にチャレンジしていかなければならないわけですから、中学入試の時点で燃え尽きてしまわないように、親子ともども気をつける必要があります。

中学校受験にありがちなのは、親があまりにも必死になり、それに応じて子どももがんばりすぎてしまって、中学校受験でエネルギーを使い果たしてしまうというケー

スです。私自身も、そして私の母親もそういう失敗をした一人です。

失敗した者の立場からいうと、「ここさえ通り抜ければ、後は楽ができる」と親子ともども思いすぎてしまったことにやはり原因があると思います。中学校受験というのは、親にとってもたいへんなものです。「これが終わったら少しは楽をさせてほしい」というような気持ちも本音ではあるでしょう。私の母もそういう気持ちがあったのだと思います。私の場合は、たまたま後から逆転できたからよかったものの、ここで燃え尽きたり、勉強をしなくなることは、やはりまずいのです。

そういう意味からすると、学校を休ませてまで中学校受験に熱を入れることには私は賛成できません。子どもが不登校になったというようなことなら別ですが、子ども自身が嫌がらずに学校に行っているのに、それを休ませてまで受験に取り組んでも、その後伸びる芽を摘むかもしれないと思います。

これから先、人生まだまだ長いのですから、「たかが中学校受験」という余裕ある気持ちで取り組んでほしいと思います。

合格後に気をつけること

私は、中学校受験のときには、一日三時間くらい勉強していたのですが、灘中に入ってからはほとんど勉強をしなくなりました。いったん勉強しない癖（くせ）をつけてしまうと、これを再び三時間の勉強に持っていくのはとてもきついということを、身をもって体験しています。

中学校受験の際に、一日三時間勉強していたのであれば、中学に入ってからもそのまま勉強を続け、せめて一日一時間半勉強するというようにさせるべきでしょう。三時間やっていた勉強を、半分の一時間半に減らすのですから、苦痛ではないはずです。

私のようにいったんゼロ近くにしてしまいますと、そこから一時間に持っていくだけでもたいへんな労力になります。

くれぐれも中学校受験はゴールではないということを忘れないようにしてください。

中学校受験で失敗した子には こんなフォローを

考えたくはないかもしれませんが、受験では「不合格」という事態もあり得ることです。失敗したときにどうするか、落ちてから考えるのでは、子どものためにもよくありません。

まず、併願校はきちんと考えておきましょう。

たとえば第一志望を私立の中高一貫校としている場合は、併願できる公立の中高一貫校があるか、具体的に考えておくことが必要です。大学受験に照準を合わせるのであれば、第二志望であっても、その六年間を使って大学受験に備えたほうが得策です。

かつては高校から御三家などの名門校に入るのは難易度が高くて大変でした。なので中学受験で進学するのが賢明とされていたのですが、最近はほとんどの優等生がどこかの中高一貫校に進学するため、高校からも比較的入りやすくなっているようです。

とはいえ、高校受験も相応のエネルギーと時間を使います。それならば高校受験をパスして、大学でトップ校をめざすのも一つの考え方です。

名門校といわれる学校のランキングは、思っているよりも短いスパンで入れ替わっています。苦労して入った学校のレベルが、大学受験までの六年間のうちに下がってしまうこともあれば、逆に上がってくることもあります。現時点でのランキングやブランドにこだわりすぎないほうがいいでしょう。

いずれにしても、子どもは落ちたときのことを前提として受験をしているわけではありませんから、落ちれば大きなショックを受けます。しかし、親としては、落ちたときのことも事前に考えておき、もし落ちたらこういう言葉をかけようなどと予行演習しておくくらいの心づもりが必要でしょう。

もし第一志望に合格できず、子どもが落ち込んでいるようであれば、「中学受験で失敗しても、立派に成功している大人は大勢いる」ということを教えてあげましょう。そして、受験のために積み上げてきた勉強は無駄ではなく、基礎学力として身についており、入学時点で相当なアドバンテージとなっているはずなので、気持ちを切り替えて、次の目標に向かって学習を進めていきましょう。

親があわてないで、最後まで「あなたの味方よ」「最終的にうまくいくように何とかしてやるぞ」という姿勢を見せれば、子どもにも安心感が生まれてきます。

塾のない地域、中学校受験のない地域こそ家庭のサポートが大事

私は、中学校受験をしなければ大学に合格しないとか、私立の中学に行かなければ大学受験が不可能だとは、まったく思っていません。

勉強のやり方さえうまくやれば、地方の無名校からでも、東大でもどこでも合格できます。実際に、私が主宰している通信教育では、毎年数名程度とはいえ、無名校などから東大に合格しています。

ただそうはいっても、中学校受験をするために早くから勉強法を工夫し、努力もし、どんどん難しいことにチャレンジしている子どもたちもいるわけですから、そういう子どもに負けない基礎学力だけは絶対につけておいてほしいというのが私の願いなの

です。

その場合には、お母さんとお父さんが自ら先生となって、子どもの学力を高めていくしか方法はありません。

そういう点では、中学校受験のない地域や、塾に行かせない場合ほど、親の役割がいっそう重要になってくるといえます。

本当の意味での「頭の良さ」は、与えられた課題に対して、柔軟に思考を巡らせて最適解を見つけ出せることにあり、そのような力は発達とともに着実に培われていきます。

ですから、中学受験を選択しなかったとしても、エリート路線から外れてしまうという考えは間違っています。焦らず学習を続けていけば、大学受験で追いつくことも、逆転することだって可能です。

子どもに無用な劣等感を持たせないことが大切です。

中学受験ができない子は、ぜひ、先取り学習を

中学受験はできないけれど大学受験ではトップの大学をめざしたいのであれば、「先取り学習」をしましょう。

小学五、六年ともなれば、たいていの子が中学一年——科目によっては二年で習う内容でも理解できると思います。

日本の中学校の学習内容はやさしすぎるのです。もちろん「中学受験のための勉強」と「中学校での勉強」はイコールではありませんので、先取り学習をしておけば、中学校に入学してからの勉強に有利です。

また、中学受験の勉強にはひらめきやセンスが必要なので、発達や月齢の差で遅咲きの子は、いくらがんばっても難しいものがあります。

しかし、中学範囲の先取り学習であれば、発達を気にせずに進めていくことができ

るものです。学年を超えて一年先、二年先と進めていくことができるので、本人の自信にもつながるでしょう。

その具体的な方法は、次章でご説明します。

第7章

教科別勉強法

（国語、算数、理科、社会、英語）

前章までは、子どもに勉強をさせるための家庭の心得について説いてきましたが、本章では、具体的にどう勉強させればよいかをアドバイスしていきたいと思います。

〈低学年の教科別勉強法〉

国語は書き取り練習を何度もやらせる

小学校低学年の国語は読み書きが基本です。ともかく何度も書かせる訓練をさせてください。何回でもやらせてみて、字が書けるようになったら、「すごいね」「こんな字も書けるようになったね」と素直に喜んであげましょう。このような単純暗記をさせる訓練を続けていますと、国語は意外にできるようになっていきます。

ただし、単純に書き取りの練習をさせているだけでは飽きてしまいますから、お父さんやお母さんが「じゃあ明日、テストしてあげる」と言って、十問とか二十問のテストをしてあげることも必要です。そこで、満点を取れたり、一問くらいしか間違わなかったりすれば、子どもは自然に楽しい気持ちになります。そうすると、またやる気になって覚えるようになるのです。逆に、そのテストが全然できないと嫌になってしまったりしますので、そうしたら、「次はがんばろうね」と言ってまたテストをしてあげるということを繰り返していきます。

子どもにも、基本的な知的好奇心や向上心はあり、「できるようになりたい」というモチベーションを持っています。それを、うまく褒めてあげることによって伸ばしていくのが一番よいでしょう。

より興味を持たせるために、漢字を関連づけて覚えさせるという方法もあります。たとえば一年生の場合には、一年生で習う漢字八十字の中から、体に関するものを集めて、「目、口、耳、手、足」を覚えさせたり、「赤、青、白、金」など色に関するものをいっしょに覚えさせたりするのです。

自然界にあるものでしたら、「空、天、雨、日、月、山、川、土、木、林、森、竹」などをいっしょに覚えさせます。

二年生になりますと、さらに百六十字の漢字を習いますから、熟語で覚えさせるということもできます。

「海」という漢字といっしょに「海外、海水、日本海」などと教えていくのもよいでしょう。

ともかく興味を持たせて、新しい漢字をどんどん覚えていきたいと思わせることが重要なのです。

ドリルを使った漢字の先取り学習も効果的

興味を持たせるために、関連性を持たせて覚えさせることのほかに、ドリルを使って単純にどんどん覚え込ませていくという方法もあります。

「九歳の壁」を越える前——小学校低学年という単純記憶が非常に得意な時期に、何度も何度も繰り返し書かせて、頭の中にポンポンと放り込んでいきましょう。理解がともなわなければならないものは、小学校高学年になって大人の記憶システムに変わり始めてから考えればよいことです。

記憶の話でいいますと、学校の先生が、二十題の漢字の宿題を出して、翌日小テストをやってみたら七割の十四点だったので、「それならば一日十題だったら確実に覚えられるだろう」と考えて、十題を宿題に出して翌日テストをしてみたところ、なぜか満点は取れずに、七割の七点ぐらいになったそうです。結局のところ、たくさんやらせたほうが子どもはよく勉強するということなのです。そこを勘違いしないようにすべきです。

小学校低学年の時期は、理解していないことでも頭に入ってしまうという不思議な能力を持っている唯一の時期なのですから、この時期にベースとなるものをどんどん詰め込んでいくことが、後々の勉強に大きな意味を持ってきます。この時期は「詰め込み」教育の最適齢期なのです。

ただし、子どもごとにキャパシティの差はありますから、それは親がきちんと判断してあげなければなりません。たとえば、一日二十字覚えさせると、十九字覚えられたのに、三十字覚えさせようとしたとたんに、十二字になってしまったというような場合には、ガクンと能率が落ちているわけですから、二十字に抑えることが必要になってきます。

重要なことは、結果です。いくつ覚えることにトライしたかよりも、いくつ覚えられたのかという結果に重点を置くべきです。

親が付き添って本を読ませる

国語力をつけるためには、いろいろな本を読ませるということも役に立ちます。

しかし、そうはいっても、小学校一年生が自分で本を読むというのは容易なことではありませんから、最初はお母さんやお父さんが読み聞かせてあげ、次第に「今度は、自分一人で読んでごらん」と言って読ませていくのがよいでしょう。

小学校二年生くらいになったら、読み聞かせてあげた後に、本を子どもに音読させて聞いてあげ、「よくできました」と褒めてあげるというようなことを、何度もやってみるとよいのではないでしょうか。

三年生になったら、本を読ませた後に、「さっき、何て書いてあった」と聞いてみて、話の内容を要約させるトレーニングも有効になってきます。

こうしたことを繰り返しているうちに、自然に基本的な読解力がついてくるはずです。本を読ませながら、あわせて、その本の中に出てくる漢字を覚えさせていくということも可能です。

ただ、漢字の書き取りに関していえば、ドリルなどを使って断片的にどんどん頭の中に放り込んでいくやり方のほうが効果はあるでしょう。本の中に出てくる漢字ということになりますと、どうしても偏（かたよ）りが出てきますので、それよりは、別の形で覚え込ませていったほうがよいと思います。いずれ、自然に読解と書き取りが結びつくような時期は訪れます。

読ませている本の中にちょっと難しい漢字が出てきても読めるように、一学年くらい上のドリルを使って、いろいろな漢字に慣れさせておくことも必要かもしれません。

算数はゲーム感覚で

算数の場合は、ゲーム感覚を取り入れると、子どもは興味を持ってやるようになります。**たとえば、陰山英男先生が「陰山メソッド」でも提唱されている「百ます計算」を取り入れると、子どもは競うようにしてやるようになります。**

百ます計算というのは、縦と横に十個の欄をつくり、そこに〇～九までの数字をランダムに書き入れ、縦の欄と横の欄を順番に、足し算させていくというものです。ストップウォッチでタイムを計りながらやると、どんどん新記録が出るようになります。百ます計算をゲームのようにしてやらせていると、百題解くのに三分以上かかっていたのが、三カ月くらいで一分半くらいになるそうです。実際にやらせてみると、子どものおそろしいほどの伸びに、お父さん、お母さん自身も驚くかもしれません。

家で親が百ます計算のシートをつくってあげ、ストップウォッチでタイムを計りながら、毎日百個ずつ計算させていけば、とてもよいトレーニングになるのです。これは一日わずか数分でできることですから、ほとんど手間もかかりません。テストは毎日やってあげて、子どもにはタイムを上げるために何回か練習をさせるように仕向けるのが効果的です。自己新記録を出せれば、子どももうれしいものですが、そんなときに親が「すごい、新記録」「すごいね、全部できてる」と褒めてあげればさらに喜びも増すはずです。答えあわせは親がしてあげ、間違っていたときは「気をつけようね」と注意してあげましょう。

重要なことは、子ども自身に「できるようになった」「自分は伸びている」「伸びることは楽しいことだ」という感覚を持ってもらうことです。そういう感覚が身につけば、計算ができるようになったということ以上に、勉強に対して心理的によい影響を与えることになります。このようにゲーム性を取り入れる方法は、勉強と楽しい情動を結びつけるのに、とても有効に働きます。

なお、この百ます計算は、足し算だけではなく引き算（答えがマイナスにならないよう、出題に工夫の必要あり）、掛け算などでも可能です。各学年に応じて、難易度を上げていけば、高学年になってからでも使えます。

理科は図鑑の見方を教え、社会は昔のことを話してあげる

小学校低学年のうちに勉強すべきことの基本は、国語と算数ですから、理科、社会（二年生までは生活科としてまとめられている）についてはそれほど気にする必要はありません。ただ、中学受験で理科や社会の勉強をいざ始めると、「覚えることばかりでおもしろくない」と感じやすく、それが理科嫌い・社会嫌いにもつながっているように思います。

低学年のうちに、理科や社会に興味をもつきっかけとなるような学習体験をさせるとよいでしょう。

「ここがわかんない」と聞いてきたときにはきちんと教えてあげてください。理科の場合は、草の名前や星座の名前を聞かれたとしても、親のほうも覚えていないことはたくさんあるでしょうから、すぐには教えられないかもしれませんが、そんなときに

は「じゃあ、いっしょに勉強してみようか」と言って図鑑の見方を教えてあげるなどという方法が考えられます。また、理科であれば、実験教室や発明教室などがあります。実験を通じて、「不思議！」「もっと知りたい！」と前向きな探究心を刺激できれば、理科に興味を持つ子も増えるでしょう。

一方、社会科の場合は、親の話し方一つで興味の持ち方がまったく違ってきます。自分の知っている範囲でかまいませんから、「昔は日本はこうだったんだよ」などと話してあげるだけでも、世の中には歴史というものがあるんだということを教えることができます。

理科、社会に関しては、嫌いにならないという程度のことをしておくだけでかまいません。まずは、学校でどんな勉強をしているのかを親がきちんと把握するということから始めて、そのうえで、学校の復習をきちんとやらせておけば低学年のうちはそれで十分でしょう。

社会については、民間から初めて都立中学校の校長となった藤原和博氏が提唱した「よのなか科」という授業を受講できる教室があります。「どうすれば稼げる大人になれるの？」「ＡＩに負けない生きる力って？」など、正解がひとつではない課題に対し、議論を尽くして考えることで「思考力・判断力・表現力」を養う、新しい学びの形です。

小学生には少し難しいかもしれませんが、世の中のことに関心を持てると、自然と新聞を読むようになるなどし始め、受験にも役立ちます。

〈高学年の教科別勉強法〉

中学受験用の参考書などを使って上手に「発展学習」を

小学校高学年になったら、中学校受験をするしないにかかわらず、私は中学校受験用の参考書や問題集をやらせてみる「発展学習」をおすすめします。

第六章で、中学受験をしないお子さんに上の学年の勉強を行う「先取り学習」をおすすめしましたが、こちらは中学受験用の勉強を行う「発展学習」です。

その理由は、参考書にせよ、問題集にせよ、中学校受験用のものというのは非常に出来がよいからです。**中学入試問題というのは、大学入試問題などと比べて、とても質のよいものが多いので、子どもたちの能力を伸ばす効果が期待できます。**

そのような問題を集めて、詳しく解説をしているのが参考書や問題集です。解答を見れば、子どもが一人で読んでもだいたいわかるようにできていますし、カリキュラムも充実しています。もちろん、学校でやっている内容よりはレベルが高いのですが、じっくり読めば理解できるようになっているのです。

もし、子どもが自分で読んで「わからない」と言ったときには、親がきちんと教えてあげてください。「この問題を解いて」といきなり言われると、難しいものもあるのですが、答えを読んでもいいのが親の特権です。自分のテストではないのですから、自分で問題を解いてみる必要はなく、答えを読んでからわかるように教えてあげればいいのです。中学校受験レベルでしたら、答えを読めば大人なら理解できるものが多いはずです。

いろいろな参考書や問題集を比較し、子どもと相談しながら、子どものレベルに合った参考書を買うようにしましょう。

基本的には、やさしいレベルのものから順番にやらせるほうがうまくいくはずです。**子どもの勉強にとって重要なことは、「わからないことを積み残さない」ということですから、いきなり難易度の高い参考書にチャレンジさせるというやり方はよほどできる子どもでないかぎり、好ましくありません。**

もちろん、よくできる子にはどんどん高いレベルのものにチャレンジさせ、三桁同士の掛け算や、台形の面積、展開図、比例も勉強させましょう。

各科目、簡単に私の「おすすめ参考書」のタイトルを明記しました。各参考書の特徴や使い方などは、『和田秀樹の「親塾」勉強に自信をつける！編』（ブックマン社）に書きましたので、そちらも参考にしてみてください。

国語の読解力は、すべての教科の基盤となる

学校で習う国語には、漢字や語彙、表現力なども含まれますが、読解力はあらゆる学びの土台となっており、とても重要です。

私は子どものころ、国語の成績があまりよくありませんでした。ただ、本や新聞をよく読んでいたことが功を奏したのか、読解力は自然と鍛えられていたようで、受験で困ることはありませんでした。

読書経験は子どもの読解力を高めてくれます。逆にいえば、学校の授業だけでは十分な読解力が身につきません。学習参考書を使って長文読解のコツをつかむことも必要です。

おすすめは、『30日で完成 基本トレーニング 読解力1～12級』（増進堂・受験研究社）です。小学一年レベルの十二級から中学入試レベルの一級まで、子どもの習熟度に合わせて読解力を伸ばしていくことができます。子どものレベルがわからなければ、学年にかかわらず十二級から始めましょう。九歳の壁を越えていれば、小学三年で一級まで進めることも可能です。

読解のコツは、中学受験の国語を勉強することで学べます。受験国語の学習参考書には読解メソッドがわかりやすくまとめられていますから、受験する、しないにかかわらず、利用しない手はありません。**『小学高学年 自由自在 国語』（増進堂・受験研究社）**は、小学校から中学受験のハイレベルな内容までカバーしています。図や表が豊富で、丁寧でわかりやすい解説なので、自宅での学習時に頼りになります。**『中学受験国語 文章読解の鉄則 増補改訂版』（エール出版社）**は、難関〜中堅レベルまでの受験国語の「読み方&解き方のルール」と、「難関・上位校受験用に厳選した語彙」が一冊にまとめられています。小学四、五年生の先取り学習にも使えます。

さらに、中学生向けの参考書も、先取り学習に使えます。新聞や本を読んでいる大人であれば解答できるレベルの問題ですから、親が教えてあげることもできるでしょう。**おすすめは『ひとつずつ すこしずつ ホントにわかる 中1からの国語 文章読解』（新興出版社啓林館）、『チャート式シリーズ 中学 国語 文法・漢字・古典・読解』（数研出版）です。**

繰り返し述べますが、漢字については九歳の壁を越えていなくても先取り学習が可能です。子どもの様子を見ながら、記憶力が長けているうちに、学年の枠を超えて難しい漢字もどんどん覚えていくといいでしょう。

おすすめは『新版 陰山メソッド 徹底反復 漢字プリント 小学校1〜6年』（小学館）、

『10分間復習ドリル 漢字・語句 中1〜3』(増進堂・受験研究社)、**『でる順ターゲット 中学 漢字・語句・文法 1500』(旺文社)です。**『新版 陰山メソッド 徹底反復漢字プリント 小学校1〜6年』は、百ます計算でおなじみの陰山先生による短期間で集中的な漢字学習と、その後の反復練習が可能なプリントです。学年ごとの配当漢字をすべて習得できます。

国語が苦手なら、好きな本を読ませよう

小学生のころ、私は今でいうところの自閉スペクトラム症だったようで、物語を追っていくことや心情読解が苦手でした。ところが国語の授業では、発達の個人差を無視して、学校が選んだ推薦図書を読むことを強制されます。読書感想文の宿題で、課題図書が決まっていることもあります。こうした「読書の押し付け」が、子どもの本嫌い、国語嫌いを助長していると思います。

ストーリーのあるものを読むことだけが「読書」ではありません。本人の興味があるならば、図鑑や、地図帳や、新聞を読むことでも、読解力は鍛えられます。

私はというと、新聞は早くから読んでいたので、小学三年のときの担任が、私のために新聞部をつくってくれました。これは国語が苦手な私のために、「輝ける場所」を与えてくれたのだと思います。新聞部で書くことを覚えた私は、大学時代には週刊誌でライターとして記事を書くようになり、今では本を執筆するに至っています。

読書が苦手でも、テクニックを身につけることで文章が書けるようになります。そのためには、文章の「基本の型」を学ぶとよいでしょう。作文の書き方を練習できる参考書を紹介します。

『小学校6年生までに必要な作文力が1冊でしっかり身につく本』（かんき出版）は、書くことが苦手な子どもの声から生まれた入門書です。「書けない」理由をつぶしていくことで、「書ける」ようになっていきます。**『作文力ドリル　作文の基本編　小学高学年用』（Gakken）**は、「小論文の神様」として知られる樋口裕一先生のノウハウが一冊に詰まっています。

日本の語学教育にはもうひとつ問題があります。それは、母国語である日本語の教え方です。英語圏では人種もさまざまなため、共通言語としての英語を教える必要があり、グラマーの授業が大切にされています。

しかし日本では、誰もが日本語での読み書きができることを前提にしているため、言語としての日本語教育が足りていないのです。

子どもが読み書きにつまずいていると思ったら、まずはそのつまずきがどこにあるのか把握しましょう。そのうえで、学校では十分に教えてくれない読み書きや文法を、親が代わりに教えてあげてください。国語障害がある子のための教材には、さまざまな「できないこと」に対応した指導法が紹介されているのでおすすめです。

おすすめは『**ワーキングメモリを生かす指導法と読み書き教材**』（**Gakken**）、『**国語が得意科目になる「お絵かき」トレーニング**』（**ディスカヴァー・トゥエンティワン**）**です**。『ワーキングメモリを生かす指導法と読み書き教材』では、学習困難のある子どものつまずきに合わせた指導ノウハウが紹介されています。『国語が得意科目になる「お絵かき」トレーニング』は、「絵を文章で説明する／文章を見て絵を描く」ことを通して表現力が鍛えられるワークブックです。

算数は、自学自習でレベルを上げていく

算数は、「自学自習」で勉強を進めていくことができる科目です。「答えを見ずに解ける」必要はなく、「答えや解説を見れば理解できる」なら、次のレベルへと学びを進めてかまわないというのが私の考えです。

そこで役立つのが、**西村和雄先生（京都大学名誉教授）と数学者・岡部恒治先生の共編著による『考える力がどんどん身につく 学ぼう！ 算数』（数研出版）**です。学年にとらわれず、関連する内容を同時に学べるようにつくられているので、自然に先取り学習を進めていくことができる、画期的なテキストです。

なお小学校で習う算数は、基礎学力として身につけておいたほうがよいものです。なかでも計算力は、中学受験だけでなく、高校、大学と高度な数学を学ぶようになってからの学力の伸びに影響します。

計算力は九歳の壁を越えていない、発達が遅いなどの事情があっても、訓練次第でレベルアップさせることができる分野でもあります。

一般に計算力を鍛える学習法としては、公文式とソロバンが有名です。それに加えて、小学校の中学年から高学年の子どもたちが計算力を鍛えるのに役立つ参考書を厳選して紹介します。**『中学入試 チャレンジ問題 算数 計算問題 改訂版』（増進堂・受験研究社）**、**『中学受験算数 計算の工夫と暗算術を究める 増補改訂4版』（エール出版社）**などを手に取ってみてください。中学受験をする、しないにかかわらず、おすすめです。

算数が苦手なら、解答を丸暗記させせよう

計算は、発達の影響を受けにくいのでトレーニングで何とかなるとはいえ、繰り上がりや繰り下がりのある計算は難しく、ここでつまずいて算数に苦手意識を持つ子も多いようです。

繰り上がりや繰り下がりのある計算は、タテ型の計算方式である筆算のやり方を身につけることができれば解けるようになります。このとき、無理をして「理屈を理解させよう」としないことが重要です。

筆算のやり方を教える際には、おはじきを使ったり、用紙にマス目を引いたりして、計算の過程を「見える化」すると、子どもにも伝わりやすくなります。教え方のヒントは、算数障害（学習障害の一種で、計算や推論が著しく苦手な症状）のある子どもへの指導法が参考になります。

『障害がある子どもの数の基礎学習』（Gakken）は、「数」の基礎となる「同じ」の概念形成から、十までの合成・分解、たし算・ひき算など、学習心理に基づいたスモールステップでの指導方法が図解されています。障害の有無にかかわらず参考になる指導法です。そもそも算数障害は、「計算ミスが多い、暗算ができない」など、通常学級の子でも当てはまるものがほとんどです。**『通常学級で役立つ　算数障害の理解と指導法』**（Gakken）も、参考になるでしょう。

繰り返し述べているように、「算数は暗記で学べる」というのが私の持論です。この意見に対しては賛否両論あると思いますが、高名な数学者のなかにも暗記算数を認めてくださっている方はいます。

一般に、算数の問題集を使って自学自習している子には、「わからないからといってすぐに答えを見ない。まずは自力で解くように」と言ってしまいがちです。

しかし、解き方がわからないのにいくら考えても、わからない状態が延々と続いてしまうだけです。それでは、算数嫌いに育ってしまいます。

「旅人算」や「植木算」など抽象思考が備わっていないと理解できないような問題であっても、まず解答を見て、その解答（解法パターン）を丸暗記します。このとき理屈がわからなくても気にせず、同じタイプの問題を、あと十問ほど、すべての解答を見て覚えましょう。その後で、似たような問題を解いてみてください。解き方が身についていて迷いなく解けるはずです。

同じ要領でさまざまな問題と解答をインプットしていけば、中学入試問題も解けるようになるでしょう。

英語は無理なく先取り学習を

学習指導要領の改訂により、小学校での英語教育は二〇二〇年度から必修化されています。これまで、小学五、六年の「外国語活動」として年間三五コマ（週一程度）しかなかった英語が、小学三、四年からとなり、小学五、六年では年間七〇コマ（週二程度）の「教科」として本格的に導入されています。

教科化されたことで、ごく簡単な読み書きに加え、英語でのやりとり（会話）なども教えられるように変わったのです。

英語教育においては大きな変化だと思いますが、内容的には「小学校では文法までは教えないこと」となっています。つまり、小学校の学習だけでは、英語の基礎は身につけられないのです。

このような日本の英語教育のレベルの低さが、英語の音楽や映画などさまざまなエンタメを楽しむ機会を遠ざけ、英語好きになるきっかけをつかみにくくしているのではないかと私は思っています。

また、中学で学ぶ英語も、ネイティブにとっては小学生レベルの簡単なものであり、心配は不要です。ただ英語学習は、子どもの発達を気にせず進めていける教科なので、先取り学習で中学英語を学んでおくといいでしょう。

『1日5分で身につく！ 小学生の英語』（ナツメ社）は毎日五分間だけ集中して取り組めばよい教材なので、小学生でも無理なく取り組めます。英語は慣れがレベルアップのカギを握る科目なので、ドリル学習がとくにおすすめ。英検三級程度の学力なら小学二、三年生でも理解できて、級を取得することも可能です。**『小学生のためのよくわかる英検3級合格ドリル』（旺文社）**などで学んでみましょう。

先取り学習については、基本を学んでから練習問題を繰り返すという流れ（3ステップ）で身につけましょう。**ステップ1は『これでわかる 英語 中学1年／2年／3年』（文英堂）**で、**ステップ2は『やさしく学ぶ 英語リピートプリント 中1／2／3』（フォーラム・A）**で、**ステップ3は『チャート式シリーズ 中学 英語 1年／2年／3年』（数研出版）、『チャート式シリーズ 中学 英語 1年／2年／3年 準拠ドリル』（数**

研出版）などを活用するとよいでしょう。

また、英単語や熟語をできるだけたくさん覚えることが英語力のアップにつながります。ＡＩの自動翻訳においても、学習させた文章量が多いほど、自然な文章がつくれるといわれています。先取り学習では、使用頻度の高い英単語をフレーズや例文と一緒に覚えておきましょう。**『ＶＩＴＡＬ１７００英単語・熟語』（文英堂）、『Data Base １７００ 使える英単語・熟語』（桐原書店）を活用するとよいでしょう。**中学で二〇〇〇語、高校で五〇〇〇語というのが覚えておくべき単語数です。

一方で、中学受験をする方は、英語の先取り学習の時間を設けることが難しいでしょう。しかし、心配は無用です。受験を終えてから入学までの二カ月間でできる範囲で、先取りができれば十分です。

英語が苦手でも遊び感覚で好きにさせよう

よく「英語圏で暮らしていれば、子どもはすぐに英語が話せるようになる」といわれます。しかし私の娘は二歳半から五歳までアメリカのプレスクールに通っていましたが、まったく英語になじめませんでした。せめて家の中では気楽に過ごさせてやりたかったので、日本語で会話をし、日本語の本やビデオを見せるようにしました。このときあえて英語だけを使うこともできましたが、英語を嫌いになってほしくはなかったのです。

日本に帰国をして中学生になっても、リスニングやスピーキングは苦手なようでした。しかし高二のときに、一年間、ボーディングスクールに留学をしたら、見違えるように話せるようになりました。それからは英語が一番の得意科目となり、いまでは英語を使った仕事をしています。

幼少期に英語になじめなかったとしても、嫌いにさえならなければ、何かのきっかけで一気に力を伸ばせるようになるという一例です。

親は、子どもが小学校で英語を学び始める前に、遊び感覚で英語とつきあえるきっかけをつくってあげましょう。たとえば、海外旅行、映画、音楽でもなんでもよいです。

とはいえ「難しそう」「やりたくない」というネガティブな反応を引き起こしてしまう

こともあるので、気をつけながら取り組んでみてください。

また、小学生のうちに英語の先取り学習を行うことをすすめましたが、大切なことは文法にこだわりすぎないことです。

母国語習得は、基本的に丸覚えが原則です。日本語で「これはなに?」は、英語では「What is this?」ですが、小学生でこの文法まで理解する必要はありません。短いフレーズですから「丸覚え」でOKです。いずれ英語で長文を読むためには文法や読解力も必要ですが、小学生の間は意識しなくてもよいでしょう。

最後にもう一冊、学習障害の子のための参考書を紹介しておきます。**『読み書きが苦手な子どものための英単語指導ワーク』（明治図書出版）**は、英語圏のディスレクシア（読み書きが苦手な学習障害）の教材ワークブックです。英語に苦手意識を持っている子にとっても、参考になる本です。

テレビ、新聞、マンガなどを活用し、歴史、社会、理科に関心を持たせる

中学受験の受験科目は、〈国語・算数・理科・社会〉の四科目入試がもっとも多く、他にも〈国語・算数〉の二科目入試、〈国語・算数・理科〉の三科目入試などさまざまです。

得点配分は学校ごとに異なりますが、四教科の場合は国語百点、算数百点、理科六十点、社会六十点（武蔵中学・二〇二四年度）など、理科・社会の配点は低く設定されているのが一般的です。

一方で、中学受験の理科・社会は、覚えた知識だけで勝負できるレベルを超えています。とくに難関校の場合は、日ごろから新聞を読むなど、「いま起きていること」に興味を持っていないと太刀打ちできません。

また、社会では統計データをまとめたグラフや表を読み解く力が必要ですし、理科

では、実験したことを計算によって確かめる作業も多くなります。問題文や説明文を正しく読む読解力も必要です。

要するに、大前提として、国語・算数がしっかり学習できていること、身についていることが重要です。

小学校高学年の社会では、レベルがだんだん高くなってきて、日本の歴史や世界の歴史も出てきます。学校で学んだテーマと関連づけて、テレビで歴史教養番組を見せたり、親が自分で歴史の勉強をしてみて、話を聞かせてあげたりするというのもよいでしょう。また、マンガの『日本の歴史』や『世界の歴史』などを使って、興味を持てるようにすることも一つの方法です。理科においても、テレビのサイエンス分野の番組を見せたり、博物館に行って親しむことも手でしょう。

小学生では世の中のことは理解できないと考えられがちですが、それは単なる思い込みで、小学校高学年くらいになるとかなりのことが理解できます。テレビのニュースに出てくるようなレベルのことは理解できますから、小学校五年生くらいでも「この政治家はひどい」というようなことを言ったりします。

自分自身を振り返ってみても、私も小学校高学年のころには、新聞などを読んで変動相場制や為替に興味を持っていました。為替切り上げ時に、一ドル＝三百三十円くらいになると大人が予想していたときに、「一割くらい切り上げてもアメリカが許さないだろうから、一七％くらいじゃないか」と言っていたら、そちらのほうが当たってしまって周囲の大人を驚かせてしまったこともありました。これは、まぐれで当たっただけの話なのですが、ともかくそういうことに興味があったのです。

工夫してみてもどうしても好きになれない場合は、無理してやらせる必要はないというのが、和田式の基本的な考え方です。

ただし、理科・社会は、高校受験、大学受験のときには合否のカギを握る科目となる可能性もあります。子どもの中に、理科・社会が嫌いだという感覚が残らないようにしてあげてください。

第8章

子どもに対する褒め方・叱り方・諭し方マニュアル

褒めるとなぜ子どもはがんばるのか

現代アメリカ精神分析で最も人気のある学派、自己心理学の始祖であるハインツ・コフートは、親によって人間の心には初めに「野心の極（きょく）」というものができると言っています。

赤ちゃんが初めてよちよち歩きを始めたとき、両親は「わあ、○○ちゃん、すごい、すごい」と言って目をキラキラと輝かせて喜ぶでしょう。そうすると、赤ちゃんはもっと褒められようとして、また別のことにチャレンジするようになります。

こうしたことを繰り返しているうちに、赤ちゃんに原始的な野心のようなものがどんどん生まれてきます。それをコフートは「野心の極」と呼んだのです。

この子どもの「野心の極」を満たしてあげる親の役割を「鏡」といいます。

親が「わー、すごい」と言って、子どもの野心を満たす鏡になってあげることによって、子どもはもっと別の何かをするようになり、どんどん野心の極が成熟して、よりがんばる人間になるというわけです。

ところが、人間というものはいつもいつもがんばれるものではありませんから、ときどき不安になったり、自分はダメだという気持ちになったりします。

たとえば、学校でいじめられて帰ってきたりすると、不安な気持ちになります。こんなときには、褒めてもらいたいわけではありません。

父親がひざの上に乗せてあげて、「パパがついているから大丈夫だ」というふうに言ってあげれば、子どもはほっと安心して、「パパがいるから、僕だって強いんだ」というように思えるようになります。そして、僕も強くなりたい、パパみたいになりたいという気持ちがわいてきて、生きる方向性が見出される。それをコフートは、「理想の極」と呼び、このパパの役割を「理想化対象」と呼んだのです。もちろん、これはママでもかまいません。

要するに、子どもに対しては基本的には褒めて、褒めて、褒めていって、子どもを前向きに、よりがんばるように伸ばしてあげる。そして、子どもが不安になったときには、そこには力強い親がいるということを示してあげる。それが、子どもを健全に育てる基本パターンだとコフートは言っているのです。

子どもは無視されるのが一番つらい

コフートは叱ることについてはあまり話をしていません。しかし、鏡が子どもの行動を映し出すものだと考えれば、やはり、悪いことをした場合には、きちんと叱るということが必要です。

子どもにとって一番つらいのは、鏡がない状態、つまり、褒められることもなく、叱られることもない無視された状態です。人間にとって、相手にされないほどつらいことはなく、批判されたり、叱られたりするほうがまだましなことなのです。

子どもは、いいことをした場合には褒めてほしいと思っており、悪いことをしたとわかっている場合には、叱られるのが当たり前だという気持ちを持っています。

ですから、本当に悪いことをしたときには、きちんと叱ってあげなければなりません。

たとえば、ほかの子を殴（なぐ）っちゃったとか、すごく危ないことをしたとか、飛び出して車に轢（ひ）かれそうになったなどという場合には、きちんと叱ることが必要です。

ただし、子どもの教育においての基本パターンは、やはり「初めに愛ありき」だということは間違いありません。愛情を感じていなければ、叱られても「自分のため」という気持ちになれず、ただ怖い思い、不快な思いをするだけになってしまいます。ベースに「自分はお父さん、お母さんから愛されている」という気持ちを持ったうえで、叱られると、「自分がいけなかったんだ」「自分のために叱ってくれている」と思うことができるようになります。

褒めるときと叱るときの方向づけをきちんとする

もう一つだけ心理学理論をいいますと、心理学の行動療法には、オペラント条件づけという考え方があります。これは、好ましい行動、望ましい行動をしたら褒める、悪い行動、望ましくない行動をしたら罰することで、賞と罰の体系をはっきりとさせて、人間の行動を望ましい方向に向けていこうというものです。

たとえば、テストでよい点を取ってきたら褒める、運動会で走るのが速かったら褒める。けれども、友だちを殴るとか、ウソをつくなどという行為をしたときには、叱るということです。

ただ、これを行うときに問題になるのは、ときどき親のほうが賞と罰を間違えて、子どもに混乱をきたすことがあるということです。

たとえば、成績が悪くて落ち込んでいるときに、普段より話をよく聞いてあげるとか、不良的なことをしたときに、親がよけいに心配してすごく子どもに気をつかうなどというケースです。

オペラント条件づけの理論からいいますと、逆なのです。みっちりと叱ってやらなければならないときに、親があわててしまって愛情をかけてしまうと、子どものほうは方向づけが混乱してしまいます。

あるいは、よい点を取って帰ってきたときに、「勉強だけじゃダメよ」と言われてしまえば、それもまた賞と罰の体系を混乱させてしまいます。

現在のアメリカの教育界や精神医学の考え方では、この賞と罰の体系をはっきりとさせた行動療法的なアプローチが非常に盛んになっています。カウンセリング的にあれこれと話を聞いてあげるよりも、賞と罰をはっきりさせたほうが、子どもの成績もよくなるし、患者さんもよくなると考えられているのです。

子どもの反省度合いを見てから叱る

裁判のニュースなどを見ていますと、「本人が十分反省しており、社会的制裁も受けているので、実刑には忍びない」ということで、執行猶予がつくことがあります。

それと同じで、子どもの場合にも社会的制裁というものがあります。塾へ行っている場合などは、成績が悪いとクラスが降格されたりしますから、親がことさらに叱らなくても、子どもはもう十分に社会的制裁を受け、落ち込んでいるわけです。

それに親が追い打ちをかけるように叱るよりも、「嘆いていてもしょうがないから、次はがんばりなさい」とか、「次は見返してやりなさい」という言葉をかけ、ともかくいま勉強しておくことに意味があるのだということを強調するほうがよいと思います。

落ち込みから、動機づけの方向へ変えてあげるということです。

テストで０点を取ってきたとしても、反省している様子があれば、テストの点数自体は叱るべきではありません。

しかしながら、０点を取ってきたのに、ヘラヘラしていて、当たり前のようにしてゲームをやっているとか、いつもと同じように友だちと遊びに行くといった場合には、厳しく叱るべきです。

「悪い点を取ったこと自体は、結果なんだから叱らない。でも、悪い点を取ったんだったら、次によい点を取るように努力をするのが当たり前でしょ」という意味で、叱るのです。

つまり、悪い点を取ってきて、しょげてしまって、「今日はテレビも見ないよ」と言っているのであれば、本人が反省しているのですから、叱る必要はないのです。逆に、悪い点を取ったにもかかわらず、当たり前の顔をして、自分の娯楽を我慢しない、反省していないと見たら叱るべきだと思います。

「努力が足りない！」という叱咤激励は、もはや時代錯誤

親世代と子ども世代とでは、時代が大きく変わっており、受験勉強に対する意識も違います。「努力が足りない！」という叱咤激励も、いまの子ども世代にはまったく響きません。根性論には頼らないことです。

名門塾信仰も危険です。というのも、名門塾の多くは努力主義で、受験校の傾向をつかんだ対策を講じているわけでも、一人ひとりの子どもに合った教え方をしてくれるわけでもありません。なので、どんな名門塾でも、その子に合っていなければ成果は期待できません。もともとできる子の成績を伸ばすことはできても、できない子を引き上げてくれる場所ではないとも言えます。

ウソをついたら、必ず叱ること

人間にとって一番まずいことは、あることをすることによって、別の行動が引き起こされて悪循環が起こるということです。ウソをつくと、そういう悪循環が起こりやすいので、必ず叱りましょう。

子どもがウソをついているというようなことは、大人ならだいたいわかるはずです。それを問いつめるにしても何にしても、そのウソは必ず引き剝がすべきです。**「大人は頭がいいんだ」「ウソをついても必ずばれるんだ」ということを思い知らせることが必要だと私は思います。**

ウソをついている間というのは、ものすごく不安で、「ばれるんじゃないか、ばれるんじゃないか」と気になって、キョロキョロするようになったりします。結局、不安な気分になって損をするのは自分なのです。ストレスもたまります。ですから、絶対にウソをついてはいけないということを教えておくべきでしょう。

それからもう一つ大切なことは、正直にうち明けたときには褒めるということです。子どもにどんなに不愉快なことをされたとしても、正直にうち明けてくれたということはよいことなのですから、賞を与えるべきなのです。そこで罰を与えて接していると、本当のことを隠すようになりますし、もっとウソをつくようになります。

「花瓶(かびん)を割っちゃった」でも何でも、ウソをつかずに正直に言ってきたら、犯罪的なことでないかぎり、叱ることはやめましょう。

子どもの間というのは、本来ウソをつかなければならないようなことは少ないはずですから、ウソをつかせてしまって、そのままにしておくというのはやはりよくありません。

思春期ぐらいになりますと、親に対する隠し事も増えてきますから、ウソをつくのは仕方のない面もありますが、思春期の子どものウソと、小さい子どものウソでは根本的に別問題だと考えたほうがよいでしょう。

子どもの本音を圧殺しないで、社会のルールは教える

子どもがほかの子を幼稚だとバカにするのは、自分が勝っていることを大人に認めてもらいたい承認欲求があるからだと考えられます。

私も子どものころ、「まわりはバカだ」と言っていた記憶がありますが、母親は私のことを「変わり者だけれど頭はいい」と評価してくれていましたし、周囲に嫌われることを気にしない人でしたから、むしろ共感してくれて、バカにすることに対して注意することはありませんでした。

ただ、社会的には他人をバカにすることは好ましくはないので「そうだね、あなたはしっかりしているもんね」と認めたうえで、「でも外で言ったら嫌われちゃうから、家の中だけで言おうね」と教えておいたほうが賢明です。

同じ年齢でも、たとえば謎解きゲームが好きな子にとっては、キャラクターを集め

るようなゲームは幼稚に思えるでしょうし、落ち着いた色で目立たない服装が好きな子にとっては、派手な色や個性的なデザインの格好をする子は苦手なタイプかもしれません。

どういうところが幼稚に感じるのかを聞いてみて、無理にその子に合わせる必要はないということ、その子は幼稚かもしれないけれど、**いろんな人がいるから世の中は楽しいいし、成り立つということを伝えるよい機会だと思います。**

勇気づけをして、「折れない心」を育てる

「心理学の三巨頭」のひとり、アドラーが主張する心理学のなかで、とくにキーワードとなるのが「勇気づけ」です。この場合の「勇気」とは、自主的に課題に取り組めるようにすることであり、また、自分自身に価値があると思えるようにすることで、「困難を克服する活力」を与えることを指しています。

アドラーの勇気づけの概念は、尊敬・信頼・共感がベースとなっています。困難を克服する活力を与えることで、自律的に行う勇気づけに対して、アドラーは「褒める」「叱る」という行為はやってはいけないと説いています。

なぜなら、褒めることで子どもは親への依存心を強め、褒められるためだけに行動するようになります。また、叱ることは力で押さえつけるだけで、子どもは叱られないために行動するようになるというのが、アドラーの考えです。

「褒める」「叱る」は、相対するようでいて、両方とも自主的に課題に取り組む「勇気づけ」とは、かけ離れているということです。

アドラーが考える「褒めることの弊害」について考えると、たしかに褒めないと動かないような「指示待ち人間」になるのはよくないことです。しかし、勇気づけにつなげるための手段として褒めることは、意味のあることだと私は思います。

褒めることで、自分は賢いのだと自信を持てるようになれば、学ぶことが楽しくなって、自主的にチャレンジできるようになります。賢いと信じていれば、うまく結果がでないときでも、自分の価値を信じて折れずに立ち向かえると思うのです。

私が自分の母親のことを偉い人だなと思い、感謝もしているのは、「勉強ができるようになる」ということに対して、非常に貪欲で、私たち兄弟に絶対にそれをあきらめさせなかったということです。

前述のように私の弟の場合は、小学校のころまったく勉強ができなかったのですが、それでも母は、「やればできるはずだ」と信じて、あきらめずに公文式に行かせて勉強をさせたりしていました。弟自身も「自分は賢いのだ」と信じて積極的に挑戦を続けて、東大文Ⅰに現役合格しました。在学中に司法試験に合格し、成績トップで留学組となり、現在にいたるまで出世競争を生き延びています。

やらせてみなければ、やる気にはならない

子どもをやる気にさせるには、「勉強ができることがなぜすばらしいのか」「なぜこれからの社会に学力が必要なのか」ということを、繰り返し話して、勉強ができることに対するあこがれを持たせてあげることがポイントです。

一般的には、学力があると、社会に出て自分のやりたいことをやるときに非常に有利になります。あこがれている職業にも就きやすいですし、活躍もしやすい、ということを話してあげて、学ぶことがいかに意味のあることかを教えていくというのがよいでしょう。

かつては、勉強が得意な人は、医者や弁護士を目指そうとしましたが、いまは宇宙ビジネスなどにみられるように、科学技術の発展がめざましい時代です。医療界も法曹界も、これからはAIが導入されて、どんどん変化を遂げていくでしょう。

そんな現代において、どのような世界で活躍がしたいか、そのためにはどのような勉強をしたらよいのか、夢を具体的に描くきっかけにしてもよいかもしれません。

しかし、それだけでは子どものモチベーションは長くは続きませんので、「やってみたら、自分にもできた」という快感を味わわせてあげることも必要になります。

子どもの場合は、「やればできるよ」と言われても、結果が出ないことにはその言葉を信じることはできません。それよりも、どんなにまぐれであっても、「できた」という結果が出ればうれしくなってやる気になるのです。

いまの学校教育では、「プロセス」が非常に重視されていますが、残念ながら、プロセスだけを評価してみても、子どもはなかなかやる気になりません。どのような形でもいいですから、「結果」を出させるということに重点を置いてみると、子どもは案外簡単にやる気になってくれるものなのです。

「私ができなかったから、私の子どもも……」なんてことはない

自分が子どものころに勉強ができなかったと思っている親ほど、「自分ができなかったから、子どももできないのではないか」と思い込みがちです。いわば、素質論としてのあきらめの境地なのかもしれません。

しかし、私は素質論というのは間違っていると思います。私自身も、自分が勉強ができないころは素質のせいだと思っていましたが、やり方を変えてからは、すっかり変わりました。また、これまでいろいろな受験生に教えてきた経験から判断しても、素質とは関係なく、勉強の方法を変えることによって学力は上がると私は確信してい

ます。

もし、親が子どものころにできなかったとしたら、本当に正しい勉強方法をしていたのかどうかということをもう一度考えてみていただきたいと思います。

効果的な勉強法をしていたのにできるようにならなかったというのでしたら、素質論に傾いても仕方がないと思いますが、私が推測するには、おそらく、勉強のやり方が非効率的だったのではないかと思います。

人間は本来それほど知的能力に差があるものではありませんから、やり方さえ変えていれば、親自身もはるかに伸びていたのではないかと私は思います。

たしかに、親の学歴が高い子ほど一流の大学に行っているというデータはあります。東大出の親を持つ子どもが東大に行く確率は高くなっています。しかし、それは素質なのではなく、子どもに伝えられるよい学習ノウハウが家庭内にあるからだと私は考えています。それを証明するかのように、かつて東大出のお父さんたちが本当のエリートとしていまよりもずっと忙しく働いていたころには、東大出の父親を持つ子どもはあまりいい大学に行っていなかったのです。いまでも、東大出の政治家や財界人の子弟を見れば、それほど東大に行っていないのがわかるはずです。せっかくよいノウハウを持っていても、忙しすぎて子どもに伝える時間がなかったのだと思います。

いま現在、親自身が、子どもの能力を伸ばすよい方法を知らないのだとしたら、そして、家庭内に伝授すべきよいノウハウがないのだとしたら、塾などのノウハウを持ったところへ行かせて、子どもに早く勉強のノウハウを習得させる必要があります。あるいは、勉強法の本などを読むことも大切です。

素質論に傾く前に、やる気にさせるノウハウ、学力を伸ばすノウハウを持った専門機関に通わせて、まずは試しにやらせてみることが重要だと思います。それがなければ親が勉強をして、そこで得た勉強法を子どもにやらせてみるべきです。

遺伝がすべてではなく、その子どもに合った勉強法の継承こそが結果を生み出すのです。

第9章

勉強を効率よくするマニュアル

子どもの健康管理は食事と睡眠から

子どもの健康管理で気をつけるべきことは、食事と睡眠です。

食事に関しては、当たり前のようなことですが、朝食をきちんととらせてください。朝ご飯を食べないと午前中に低血糖状態でイライラするという可能性も出てきます。脳に行くブドウ糖が足りなくなると、知力も育ちませんし、学校で情緒不安定になり、机にじっとしていられないということになりかねませんから、朝食はきちんと食べさせるべきです。

また、栄養学者の説では、たくさんの食材を食べさせたほうが衝動的になりにくいと言われていますし、多品目の食材を食べさせている家庭ほど少年犯罪が少ないという統計データもあります。栄養学的なことの詳細はよくわかりませんが、子どもに多くの食材を食べさせているというのは、それだけ手をかけた食事をつくり、愛情をかけているということの表れなのではないかと私は思っています。

とはいっても、ふつうにご飯をつくってあげていれば、それほど心配しなくても大丈夫です。一番気をつけるべきことは、インスタント食品とジャンクフードの食べすぎですので、買い食いさせないよう気をつけましょう。

一方、睡眠時間も子どもの発達にとっては重要な要素です（図5）。

図5　睡眠と学力の関係

※縦軸は学力調査の平均正答率（小学6年生）

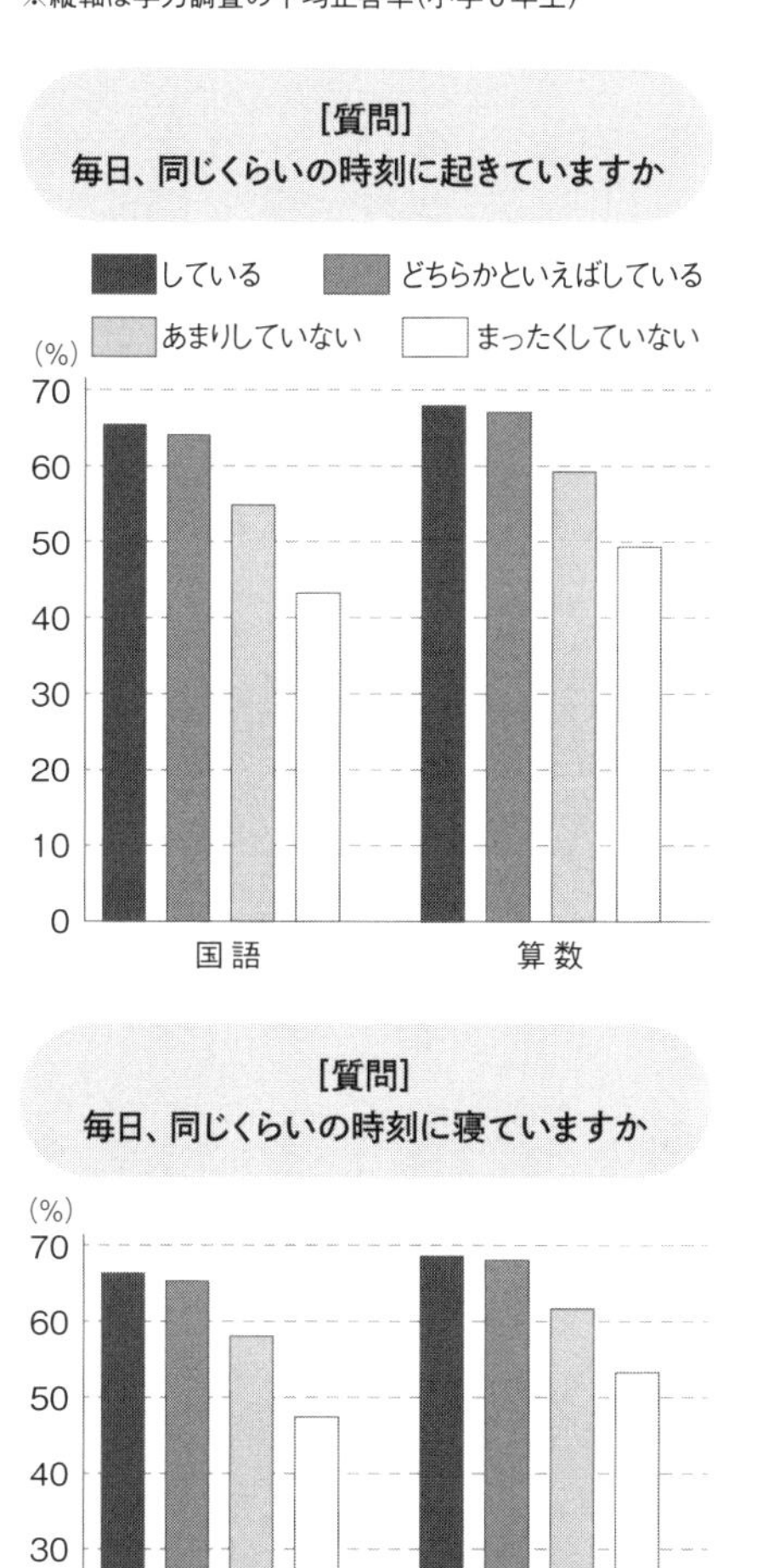

出典　文部科学省「令和元年度 全国学力・学習状況調査」より

中学校受験をする小学生の中には、一日五時間くらいの睡眠でがんばっている子もけっこういます。もちろん、がんばっていること自体は褒めてあげるべきことですが、親としては、この状態を当たり前のことだとは思わないでください。

必要とされている、年齢別の睡眠時間（二〇一五年米国国立睡眠財団公表）は、大人（一八歳から六四歳）で七〜九時間、六歳から一三歳の子どもは九時間から十一時間とされています。

子ども自身が、すすんで夜中の二時くらいまで勉強している場合には、「早く寝なさい」と言っても、子ども自身が納得しないことがありますから、テストの点が悪かったときなどを見計らって、「ひょっとしたらあまり寝ていないから、テストの点が上がらなかったのかもしれないよ。寝不足だと記憶力は落ちるそうだよ」などと言って、うまく睡眠をとらせるように持っていくほうがよいでしょう。

あるいは、イライラが目立つようになったり、風邪などをひいたりしたときに、それとなく話してみるという手もあります。

頭ごなしに言うのではなく、最も受け入れてくれそうなタイミングを見計らって諭しましょう。

五～十分の音読や計算で脳をウォーミングアップ

長時間の勉強にならないようにするためには、短い時間で効率よく勉強をすることが大切です。そこで有効とされるのが、脳のウォーミングアップです。

脳の特性として、五～十分程度の音読や簡単な計算を行うと、その後に実施する記憶テストなどの成績がよくなることが、医学博士・川島隆太教授（東北大学加齢医学研究所）の研究で明らかになっています（図6）。

たとえば、百ます計算は、脳のウォーミングアップにちょうどよい課題です。勉強を始める前に「百ます計算を五分」、これを習慣にしてみてください。学習効果を体感できるでしょう。

一定程度のストレス（負荷）をかけたほうがやる気も能率も上がることはわかっていますが、それを超えたストレスがかかるとパフォーマンスが下がってしまいます。

図6　音読と計算の効果〈健常小学生の心理研究〉

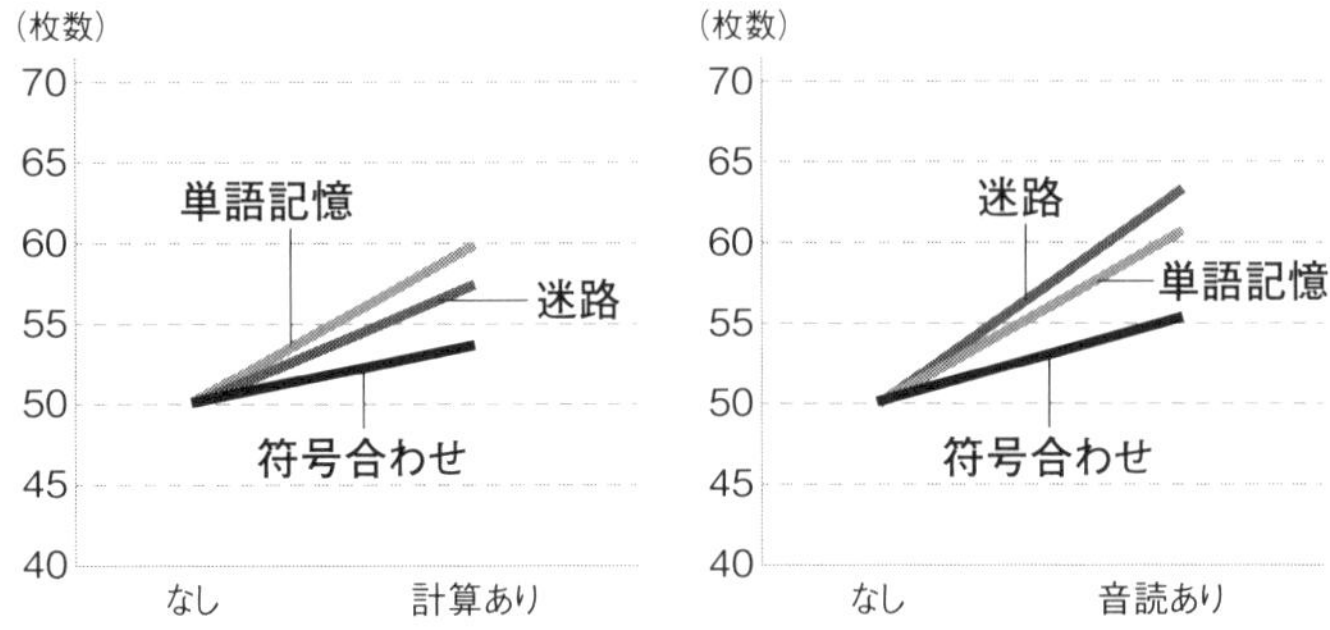

出典　東北大学川島隆太教授の研究より

子どもは大人よりもストレス耐性が低いので、「顔色が悪いようだ」「嫌々やっている」などの様子が見られたときには注意が必要です。度を越した勉強は、明らかにストレスのもととなります。

ただし、ストレスはあくまでも主観的なものであり、同じストレス要因（ストレッサー）でも、ストレスに感じる子と感じない子がいます。ですから、長時間の勉強でも子どもが楽しく取り組んでいるうちは邪魔をせず、好きなだけ勉強をさせてあげましょう。

勉強を習慣づけるためには どうしたらよい？

歯磨きや手洗い、うがいのように、勉強も「それをしないと気持ちが悪い、落ち着かない」という状態にまでできれば、習慣化できるはずです。

勉強を習慣化するには、一日十分でも、十五分でもいいので、毎日続けることが一番大切です。

人には体内時計が備わっているものなので、夕食の時間、入浴の時間など、決まった時間に、決まった行動をとるようにすると、身体が覚え、行動が習慣化していきます。**たとえば、「午後五時に、漢字を覚える」など、学習内容まで決めてしまうといいでしょう。**

また、「勉強をしない日」をつくらないことも大切です。中学受験でせっかく身についた習慣を、合格すると途端にやめてしまう人が多く見受けられます。中学に入ってから苦労することになるので、わずかな時間でもいいので、継続して机に向かうようにしましょう。

なお、学習の習慣化と学力のレベルアップを結びつけてあげることも大切です。「今日の勉強で、新しい漢字を五個も覚えたね、すごいね」などと、成果を言葉にしてあげると、子どものやる気も上がります。

また、学年が上がるタイミングで、勉強時間を増やしていくこともおすすめです。

〈学習時間（一日）の目安〉（受験のための勉強は、これとは別に確保しましょう）

一年生　十五分から二十分
二年生　三十分から四十分
三年生　四十五分から六十分
四年生　六十分から八十分
五年生　七十五分から百分
六年生　九十分から百二十分

子ども部屋での学習か、リビングルームでの学習か

家庭での娯楽の中心がテレビだった時代、その誘惑に負けないように、子ども部屋で勉強をすることが主流でした。それがいまでは住まいの条件もだいぶ変わって、対面式のキッチンとリビングルームが一体化したＬＤＫが浸透しました。親が家事をしながら子どもの世話や見守りがしやすいため、子育て世帯にマッチした環境です。中学受験を制した子の多くが、子ども部屋ではなく、リビングルームで学習していたことが注目され、**いまではリビングルームでの学習がスタンダードになりつつあります。**

そのメリットは、なんといってもインターネットの誘惑がないことでしょう。

親の目が届かない子ども部屋では、勉強しているように見せかけて、実際にはスマホやタブレット、ゲームで遊んでいるかもしれません。とくに自分専用のスマホが与えられていると、親に内緒で制限時間を超えて使っている場合もあり得ます。親が同

じ空間にいるだけで、スマホやゲームなどに触れる抑止力になるので、この影響は非常に大きいと思います。

小学生の場合、親に向かって読み聞かせをさせるような国語の宿題が出ていることも多いと思います。リビングルーム学習では、子どもの前に座って集中して聞いてあげることができます。

また算数の宿題では、親が丸付けをするケースもあるでしょう。子どもが間違いやすい問題や、行き詰まっている問題がわかるので、見逃さずに解き方を教えてあげることができます。

このとき、ダイニングテーブルなどでは、子どもの斜め前に座るのがポイントです。真正面では尋問されているような威圧的な雰囲気になりがちなので、子どもが苦痛に感じてしまいます。

そして「なんでこんな問題がわからないの！」などと、怒りに任せて子どものやる気が失せるようなことは言わず、集中力が途切れたら、勉強とは関係のない話を持ち込んでみましょう。リラックスしながらも集中できる距離感が大事です。

高学年になると難しい問題も増えてきて、教える自信がなくなるかもしれませんが、解答を見ながらであれば教えられると思います。一緒に勉強をするような気持ちで取り組んでみてください。親が伴走をしてくれていると感じることで、子どもの情緒は安定し、モチベーションもあがるでしょう。

リビングルーム学習のデメリットもあります。中には生活音が気になって、集中できないという子もいます。また親が不在時のリビングルーム学習では、監視の目がないので、テレビやスマホ、ゲームの誘惑に負けてしまう可能性も大いにあります。

勉強机代わりのダイニングテーブルにしても、座卓にしても、食事のときや家族が集まる時間に教材を広げたままにはしておけませんので、その都度片づけなければならないうえに、あちこちに寄せておくことでものを失くしがちです。**部屋の広さに余裕があるなら、デスクや棚の場所を固定した専用の学習スペースを設けてもいいでしょう。**

また、勉強はリビングルームで事足りるとしても、思春期の性的なめざめもありますし、落ち込んだときに気持ちを整理するためにもメンタルヘルス的な逃げ場が必要です。**一人の時間を過ごすための自分専用の部屋もあったほうがいいと思います。**学習スペースは、自室とリビングルームの両方を、臨機応変に使い分けるとさらに効率がよいでしょう。ただし、自室にスマホを持ち込むことは禁止すべきです。親の気配が感じられるリビングルームでのみ、インターネット利用を許可するのが賢明です。

スマホが欲しいと言われたらどうする

ある調査ではスマホデビューの最多は小学一年生で、約半数が小学校低学年で持ち始めるとされています。**持たせる前には慎重にルールを決めて子どもに約束をさせ、持たせてからも監督者として目を光らせる必要があります。**

・帰宅したら親に預ける
・リビングなど共有スペースでのみ使用可能（勉強部屋、寝室などの個室では使わせない）
・一日の使用制限時間を決める
・なるべく少ないデータ容量の契約にする

・インターネットで有害不適切なサイトを表示させないようにフィルタリングをかける
・SNSなどでアカウントを勝手にもたない
・アプリは許可を得てからダウンロードする
・個人情報を入力しない
・LINEの使用は、親が常に見られるような条件でのみ使用を許可する（パスワードロックをかけない）
・約束を守らない場合は契約を打ち切る

このような条件やルールが考えられると思いますが、子ども側に主導権を持たせず、親が厳しく見守り、管理することが重要です。

また、スマホを使い始めてからの子どもの学習面、生活面、すべてにおいてどのような変化があるか観察するようにしましょう。デジタル教材を活用した学習が功を奏していればいいのですが、逆に学習を邪魔しているようなら、もう一度、所持する目的を本人に確認する必要があります。

あるいは、視力低下、ドライアイ、肩こり、ストレートネック（スマホ首）、腰痛、睡眠障害（うつ症状）など健康を害する状況になっている場合にも、症状ごとの原因を見極めた対応が必要になります。

ネット依存症と呼べるような域に達していたら非常に危険です。悪影響が気になる場合には、いきなり責め立てるのではなく、「最近、朝寝坊が多いけど、寝つけない悩み事でもあるの？」などと持ち掛けて、生活の見直しを図る方向で接しましょう。

ゲーム依存、ネット依存、スマホ依存は、子どもたちを巻き込む形で増加しています。マイクロソフト創業者ビル・ゲイツは、自分の子どもには十四歳になるまでスマホを決して持たせず、アップル創業者のスティーブ・ジョブズも、自分の子どものそばにiPadを置くことすらしなかったそうです。

子どもの位置情報を把握することが目的ならば、専用端末を子どものランドセルに入れて、親側のスマホのアプリで確認する見守りGPSサービスもあるので、この場合は子どもにスマホを持たせる必要はありません。そもそも小中学校では携帯電話の持ち込みが禁止されていたり校内での使用を禁止されていたりすることも多いと思うので、目的を整理して、本当にスマホが必要なのかは慎重に検討しましょう。

働く親は、祖父母を頼れ

共働きの家庭にとっては、子どもの中学校受験は、時間的にたいへんなことかもしれません。ですから、その場合には、実家（義理も含めて）を頼るのがよいのではないかと思います。

いまの祖父母世代は、一九五五年前後に生まれた方も多いでしょう。その世代が小学校を卒業する年――一九六七年に、東京都の公立校における学校群制度が導入されました。同制度下では、受験生は志望校を直接選ぶことができず、数校の学校が集まった「群」を受験先として選択し、合格後は群の中のいずれかの高校に割りふられたのです。都立高校の学力の均質化を目的とした制度とはいえ、「それなら私立に行ったほうがよい」と、開成や灘など中高一貫の私立校を受ける人が増加しました。**そのさらに親の世代は「最終学歴が中学」という方も多い中で、今の祖父母の世代から「中学**

受験の経験者」が増加していくわけです。「いい大学に行けば成功できる」という経験知を持つ世代とも言えます。

「人生百年時代」ともいうように、いまの祖父母世代は、時間はもちろん、体力も、またお金にも余裕がある方が多いかもしれません。子どもの勉強を見守るのは、親だけでなく、祖父母も一緒になって行っていく家庭が増えました。とくに共働きの家庭は、可能ならば祖父母にも頼って、子どもの勉強を見守っていってあげましょう。

体力をつけるためにスポーツをさせるべきか

受験の際には、どんなに頭がよくても、体力がないために失敗してしまう子がいます。受験に備えた体力をつけるためにスポーツをやらせる親もいるようですが、それほど効果的なこととは思えません。

そもそもスポーツと体力は必ずしも相関しているわけではありません。たとえば、スポーツマンが早死にするということはよくあることです。スポーツをすることと、身体が健康であるということは同義ではないですから、無理にスポーツをさせる必要はないでしょう。

中学校受験の勉強だけでも、多大なエネルギーを使っているのですから、そのうえ、好きでもないスポーツもやらせると、かえって子どもが疲れてしまうおそれもあります。もちろん好きな場合は気晴らしになりますので、ぜひやらせてあげてください。

ふつうに歩いて学校へ行っていれば、体力づくりとしては、それで十分だと思います。

遊びの時間は必ず取る

いくら中学校受験をするといっても、ずっと受験勉強ばかりしているのではなく、遊びの時間も、きちんとあったほうがよいと思います。

しかし、遊びに親の趣味を押しつけるというのはよくありません。たとえば、遊びの時間に情操教育をするために、音楽を聴かせるなどということは、親の趣味を押しつけているに過ぎません。遊びは遊びなのですから、よほど非道徳的なものでないかぎり、子どもの好きな遊びをさせてあげましょう。

重要なことは、子ども自身が本当に楽しめるかどうかということです。「一日一時間だけでもいいからゲームやらせてよ」と言われたら、子どもにとってはそのゲームがものすごく楽しみだということですから、ぜひやらせてあげてください。「ゲームをやりたいために勉強をする」という構図でもまったくかまわないと思います。

子どもの場合は、大人と違って心底楽しいと思えるような体験をしやすいですから、遊びによってリラックスできるということがけっこうあります。遊びの時間を大事にして、その時間をきちんとつくってあげることが必要なのです。

もちろん、無制限に遊ばせるということはよくありませんので、「楽しみは日曜日の午前中だけよ」「今日の午後は遊んでもいいよ」「一時間ならいいよ」といった具合に、きちんと枠は決めたほうがよいでしょう。

友だちとのつきあい方

「サッカーに誘われたんだけど、行ってもいいかな？」などと子どもに言われたら、本人が行きたがっているのであれば、なるべく行かせてあげたほうがよいと思います。

たとえ、その時間が日課の勉強時間と重なってしまったとしても、まずは遊びに行かせて、「その代わりに帰ってきたら復習しなさいよ」というように両方させる方向に持っていけばよいのです。

しかしながら、サッカーに行くというのが、「仲間外れにされたくないから」というような消極的な理由だとしたら、あえて行かせる必要はないと思います。

近ごろは、子どもばかりか、お母さんなど親までが、仲間外れにされることを極端に怖がる傾向がありますが、そこまでおそれる必要はないのではないでしょうか。小さなうちから、まわりに合わせることばかりを教えないほうがよいと思います。

学校などでは「誰とでも仲良くすることが大切だ」と言われますが、すべての人間関係をうまくいかせるということは、本来不可能なことです。学校の友だちともまんべんなく仲良くし、塾の友だちとも仲良くするというようなことは、あまりにも欲張りすぎです。子どもにそれを要求すると、子どもにとっては非常に大きなプレッシャーとなってしまいます。

「友だち」と呼べる子が一人もいないというのなら別ですが、たとえば、塾なら塾、学校なら学校に、本当に仲のよい友だちが数人いれば、それでよしと考えて、親が落ち着いて構えていたほうがよいのです。

お母さん同士のつきあい方

子ども同士のつきあいだけではなく、お母さん同士のつきあいもまた難しい面があります。が、これに関しても、自分が、あるいは、子どもが仲間外れにされたくないためにしかたなくおつきあいするというような考え方は、ほどほどにしておいたほうがよいでしょう。

子どものために多少我慢するということは必要かもしれませんが、相手に媚(こ)びてまでつきあう必要はないと私は思います。

もちろん、子ども同士が仲がよい場合に、親同士も仲良くしておくということはよいことです。それは、お互いの子どもの思春期対策への布石(ふせき)にもなるからです。

子どもは思春期に入ると価値観が一変します。それまでは「おまえの母さん、でべそ」と言われて怒るように、お母さんと一体化した存在だったのが、だんだんと親には言えない秘密を持つようになってきます。そういう秘密を親友に初めて話す。すると、いっそうその親友たちと親密になっていき、どんどん仲間の行動規範(きはん)に染まっていくことになるのです。

そのときに、ノーガードで好き勝手な選択をさせて不良の仲間入りをさせてしまうよりは、親が根回しをして仲間を前もって用意しておくことも、リスクを回避するという意味では必要かもしれないのです。

親同士が密に連絡を取りあうことで、思春期の危険度を減らすことはできます。自

分の子どもが話さないことを、別の子の親から聞くというような情報交換も可能になります。

不登校になっても親はあわてないこと

子どもが不登校になってしまうと、親のほうがあわててしまうケースが少なくありません。子どもが学校に行かなくなったら、行かない理由をまずきちんと聞いてください。

中学生くらいになると、「うぜえなー」というような感じで、その理由も言わなくなることが多くなりますが、小学生くらいであれば、何らかの理由は言うはずです。

それがもし、いじめなどの場合には、学校に抗議に行き、教育委員会にも連絡するなど毅然(きぜん)とした対応をとるべきでしょう。

ただし、いじめの内容が、ちょっとしたからかいや、冷やかしという程度で学校へ行かなくなったのだとしたら、子どもに対して「お父さん、お母さんは全面的にあなたの味方だよ」ということを伝えたうえで、「こういうことは大きくなって世の中に出てからもけっこうあることだから、このくらいのことにはめげずに、あなたががんばって勝たなきゃダメ」というように言ってみるのも一つの方法です。もちろん、暴力的ないじめなら、「こういうことは大人の世界でも許されない犯罪だから、警察に行きましょう」というような区別が必要です。

小学校高学年くらいになれば、大人の世界のこともある程度理解していますから、我慢して自分で打ち勝つべきレベルなのか、警察に行くべきレベルなのかをきちんと教えてあげるほうがよいと思います。

学校には行かないけれども、塾にだけは行っているというのでしたら、それほど心配する必要はありません。 嫌な友だちがいるというような理由を除けば、おそらく、学校があまりにも魅力がないということの証明だとでも思っておけばよいでしょう。

ただし、中学校受験をする際に、出席日数を聞かれる中学もあるかもしれませんので、この点についてはあらかじめ調べておくべきです。また、出席日数が少なくて中学校受験をする場合に、学校の先生から嫌がらせ的に調査書の成績を下げられる可能性もないとはいえませんので、受験に不利にならない程度にしておくことは必要です。

いずれにしても、不登校を契機に親子のコミュニケーションまで切ってしまうというのは、子どもを不安に陥れる最もまずい対応ですから、どんなことがあっても「あなたの味方」というスタンスだけは示し続けましょう。

あとがき

勉強法というのは、私の人生の中で大きなテーマでした。

「勉強は素質だ」と思い込んで悩んでいた自分が勉強法を変えて成功したこと、弟の勉強法を矯正して東大に合格させたことなどの体験が、私の人生観を大きく変えたのは確かなことなのです。

「世の中に、勉強ができない、頭が悪いと嘆いている人はたくさんいるが、そのほとんどは、やり方が悪いからではないか？」

この信念をもとに大学生になってからは、さまざまな受験産業で子どもの指導をし、医者になってからも、大学受験勉強法の著書を何冊か書いてきました。幸いなことに、これらの著書の評判はよく、当時としてはたいへんなベストセラーになりましたし、「あきらめていた受験勉強に再び取り組む気になった」「勉強法を変えたら成績が上がった」「志望校にも合格できた」といったお手紙もたくさんいただくようになりました。

その後、私のやり方をもっとうまく実行したいという声に応えて、私の勉強法に賛同する東大生の協力のもと、受験勉強法の通信教育なども行ったのですが、正直なところ、何年か前に受験産業や勉強の世界からは身を引こうかと思ったことがあります。この世界がイヤになったからではありません。アメリカで勉強してきた精神分析がたいへんおもしろくて役立ちそうなものだったのに、日本ではほとんど一般人のメンタルヘルスに利用されていない現実に疑問を抱き、精神医学や精神分析を一般の人に啓蒙していきたいという夢が出てきたことや、私が本職とする老年精神医学の世界では心の病に苦しむ高齢者が非常に多いことがわかり、それに全力投球したいと思ったからです。

そんな矢先、受験産業に身を置いていたおかげで、世間が想像する以上に日本の子どもの学力低下が進行していることを肌身で感じ、私はたいへんな危機感を覚えました。ところが、多くのマスコミは相変わらず、「日本の子どもは勉強させられすぎ」「受験勉強が子どもを苦しめている」といった的外れなキャンペーンを繰り返していました。そのうえ、文部省（当時）が学習内容の削減を柱とする「ゆとり教育」路線を進めようとしていることを耳にし、私はいてもたってもいられなくなりました。私自身、アメリカ留学中に、アメリカの子どもたちの学力低下や教育荒廃を目の当たりにしていますので(それでも八〇年代の半ばと比べると、多少よくなっていたことは後で知りましたが)、「日本をこんなふうにしてはいけない」と痛感したのです。

そういうわけで、私はゆとり教育反対の運動に参加することになったのですが、その一方で、ただ文部科学省の政策やマスコミの反勉強キャンペーンに文句を言っても始まらないとも思うようになりました。勉強というのは、理解できなかったり、成績が伸びなければ、すぐにつまらなくなるものです。そこで、上手な、頭のよくなる勉強のやり方を親御さんに伝えていき、多くの親御さんに子どもの教育を担ってもらいたいと考えるようになったのです。文部科学省や学校が頼りにならない以上、最後の砦は親だからです。

私はといえば、かつては受験生に〝より楽ができる勉強法〟を提案していた人間です。それが「勉強しろと親が言うべきです」「基礎学力が大切です」

と言うのは矛盾しているのではないかと思う人がいるかもしれません。しかし、子ども自身の物の考え方や彼らを取り巻く環境がこれほど変わった以上、変節者と言われても、言い方を変えざるを得ません。それほど事態は切迫しているのです。

本書がわが子の教育をもう一度考えるきっかけとなり、子どもと勉強をするヒントになることを、真剣に切望しています。そして、それによって勉強をやる気になる子どもが一人でも増えれば、著者にとっては幸甚このうえなく思います。

末筆になりますが、私のこのような危機感を理解し、本書のような言いたい放題の「本音」を書き連ねた勉強法の本を編集していただいたＰＨＰ研究所学芸出版部の白石泰稔氏に、この場を借りて深謝致します。

和田秀樹

本書は、2004年12月にPHP研究所より刊行された『勉強できる子のママがしていること　12才までの家庭教育マニュアル』（PHP文庫）を改題し、大幅な加筆・修正を加えて新装復刊したものです。

参考文献

『和田秀樹の「親塾」勉強に自信をつける！編』和田秀樹著（ブックマン社）
『和田秀樹の「親塾」心とからだの問題解決！編』和田秀樹著（ブックマン社）

和田 秀樹（わだ・ひでき）
精神科医

1960年大阪市生まれ。東京大学医学部卒。東京大学医学部附属病院精神神経科助手、米国カール・メニンガー精神医学校国際フェローなどを経て、現在、川崎幸病院精神科顧問、一橋大学経済学部・東京医科歯科大学非常勤講師、和田秀樹こころと体のクリニック院長、立命館大学生命科学部特任教授 。代表を務める「緑鐵受験指導ゼミナール」では毎年無名校から東大合格者を出し話題に。1987年のベストセラー『受験は要領』をはじめとして、精神医学・心理学・受験関連の著書多数。近著に『老いの品格』『頭がいい人、悪い人の健康法』（ともにPHP新書）、『50歳からの「脳のトリセツ」』（PHPビジネス新書）などがある。
和田秀樹公式サイト　https://hidekiwada.com/
和田秀樹の「親塾」公式サイト　https://oya-jyuku.jp/

勉強できる子が家でしていること
12歳までの家庭教育マニュアル

2024年5月10日　第1版第1刷発行

著　者　　和田 秀樹
発行者　　岡　修平
発行所　　株式会社ＰＨＰエディターズ・グループ
〒135-0061 江東区豊洲5-6-52
☎03-6204-2931
https://www.peg.co.jp/

発売元　　株式会社ＰＨＰ研究所
東京本部　〒135-8137 江東区豊洲5-6-52
普及部　☎03-3520-9630
京都本部　〒601-8411 京都市南区西九条北ノ内町11
PHP INTERFACE　https://www.php.co.jp/

印刷所
製本所　　図書印刷株式会社

ISBN978- 4-569-85720-6